Brotrezepte

aus ländlichen Backstuben

Brotrezepte

aus ländlichen Backstuben

Landbuch
Verlag Hannover

Brotrezepte aus ländlichen Backstuben.
– 5. Auflage – Hannover: Landbuch Verlag Hannover, 2006.
ISBN 10: 3 7842 0614 X
ISBN 13: 978 3 7842 0614 1

1. Auflage, 2001
2. Auflage, 2002
3. Auflage, 2003
4. Auflage, 2003
5. Auflage, 2006

Postfach 160, 30001 Hannover
Kabelkamp 6, 30179 Hannover
Tel.: 05 11 / 2 70 46-0
Fax: 05 11 / 2 70 46-1 50
buch@landbuch.de
http://www.landbuch.de

Hinweis:

Alle in diesem Buch enthaltenen Angaben, Daten, Ergebnisse etc. wurden von den Verfassern nach bestem Wissen erstellt und von ihnen und dem Verlag mit größtmöglichster Sorgfalt überprüft. Eine Verantwortung und Haftung für etwaige inhaltliche Unrichtigkeiten kann jedoch nicht übernommen werden. Der Haftungsausschluss gilt nicht, soweit nach dem Produkthaftungsgesetz für Personen- und Sachschäden gehaftet wird. Jeder Leser muss beim Umgang mit den genannten Stoffen, Materialien, Geräten usw. Vorsicht walten lassen, Gebrauchsanweisungen und Herstellerhinweise beachten sowie den Zugang für Unbefugte verhindern.

Dieses Symbol weist jeweils auf den Autor des Brotrezeptes hin. Auf den Seiten 152 und 153 finden Sie eine Liste aller Brotrezept-Autoren.

Projektleitung: Holger Dabow, Landbuch Verlag Hannover
Redaktion: Kirsten John, Hannover
Titelfotos: Fotoatelier Fricke, Hannover
Rezeptfotos: Fotoatelier Fricke
detaillierter Bildquellennachweis auf Seite 154
Titelgestaltung und Layout: DRAG 'N DROP – Büro für visuelle Kommunikation
Gesamtherstellung: Landbuch Verlag Hannover

Danksagung
Die in diesem Buch aufgeführten Rezepte stammen aus einem Wettbewerb, zu dem die Wochenzeitung „Land & Forst" des Landbuch Verlages Hannover aus Anlass der landwirtschaftlichen Großveranstaltung „Heu, Hits und Happiness" im Oktober 2000 aufgerufen hat. Der Landbuch Verlag Hannover bedankt sich bei allen eifrigen und kreativen Bäckerinnen und Bäckern, die ihre Rezepte für dieses Buch zur Verfügung gestellt und den Wettbewerb mit ihren frisch gebackenen Broten unterstützt haben.

ISBN 10: 3 7842 0614 X
ISBN 13: 978 3 7842 0614 1

Aus jeder Seite des vorliegenden Buches strömt der Duft frisch gebackenen Brotes. Dieses Aroma begleitet mich seit vielen Jahren meines Berufslebens. Es erfüllt mich mit Stolz, wenn ich den fertigen Brotlaib aus dem Ofen ziehe, ihn umdrehe, mit dem Zeigefinger gegen das Brot klopfe und den satten Ton des gut durchbackenen Brotes vernehme. Ich wünsche mir, dass auch Sie von dem Zauber, der vom Backen ausgeht, gefangen werden. Möge der unvergleichliche Duft von frischem Brot auch durch Ihre Küche ziehen und Ihnen viel Genuss bringen.

Den hier im Buch veröffentlichten Brotrezepten kann ich eine ausgezeichnete Qualität bescheinigen. Sie wurden anlässlich des 1. Niedersächsischen Brotbackwettbewerbes zusammengetragen, den der Landbuch Verlag im Herbst 2000 organisierte. Die vorgestellten Rezepte schulen Ihre Sinne als kritische Verbraucher und machen Sie zu Bewahrern unserer Backkultur. Denn es verschwinden immer mehr kleine Backbetriebe von der Bildfläche, die oftmals mit überlieferten Hausrezepturen arbeiteten, und mit ihnen geht ein Teil der Geschmacksvielfalt verloren.

Der wirtschaftliche Druck lässt es nicht zu, Brote oder Gebäck so herzustellen, wie es früher möglich war. Das führt dazu, dass Rezepturen vereinheitlicht werden. Es ist für mich deshalb ein Unding zu wissen, dass das Brot, das wir in vielen verschiedenen Läden kaufen, aus nur einer einzigen Backproduktion stammt. Ich hoffe, dass sich unser Bäckerhandwerk wieder auf seine Tradition besinnt und – wie schon in vielen Jahrhunderten zuvor – die richtigen Taten und Produkte hervorbringt. Das vorliegende Buch ist ein richtiger Schritt auf diesem Weg.

Zum Abschluss möchte ich auf den „touristischen" Teil des Buches hinweisen: Wer sich auf Entdeckungsreise zu den wichtigsten Stätten rund ums Brotbacken begeben möchte, findet hier interessante Anregungen.

Möge dem Buch „Brotrezepte aus ländlichen Backstuben" viel Erfolg beschieden sein. Ihnen wünsche ich viel Spaß beim Lesen und ein gutes Gelingen Ihres Backwerkes.

Hannover, im Januar 2001

Harald Luther

Ihr Bäcker- und Konditormeister
Harald Luther

Inhaltsverzeichnis

Vom wilden Korn zum Leib Christi – die Geschichte des Brotes

Schon vor zehntausend Jahren ließen die Menschen das Korn für sich wachsen, doch „richtiges" Brot erfanden erst die Ägypter. Inzwischen gibt es 300 Sorten in Deutschland. Brot ist noch vor der Kartoffel wichtigstes Nahrungsmittel der Menschheit.

Am Anfang war das Korn. Und aller Anfang mit dem Korn war schwer. Denn zunächst konnten unsere Vorfahren mit dem wild wachsenden Getreide herzlich wenig anfangen. Zwar knabberten Tiere an Gräsern, Samen und Halmen – doch ohne Zubereitung war das harte Getreide für Menschen nur schwer verdaulich. Einzeln mussten die Körner aus wild wachsenden Ähren gelöst werden, auf denen man anschließend herumkauen konnte. Das war mühsam und nicht gerade sättigend. Deshalb verfielen die Siedler darauf, die harten Körnchen zu sammeln. Sie weichten sie in Wasser ein und bekamen so einen Brei. Der war zwar allemal besser als das rohe Korn, aber immer noch nicht schmackhafter. Also strichen sie die zähe Masse auf einen heißen Stein und ließen sie durchbacken, bis sie eine Art fester Fladen war. Damit war die Urform des Brotes erfunden – das schon bald das wichtigste Grundnahrungsmittel werden sollte.

TELLER MIT DER DARSTELLUNG EINER BACKSTUBE UM 1740

Brot und Spiele

Zehntausend Jahre vor unserer Zeitrechnung begannen die Menschen mit dem systematischen Anbau von Getreide. Dennoch sollte es noch einmal 7 000 Jahre dauern, bis das erste Brot – wie wir es heute kennen – gebacken wurde. Die Ägypter des dritten vorchristlichen Jahrhunderts entdeckten den Sauerteig als Gärungsmittel und vervollkommneten damit das Brotbacken. Schnell wurde das Getreideprodukt zur wichtigsten Nahrung des riesigen Reiches. Zahlreiche Malereien in den Grabkammern einflussreicher Bürger und Pharaonen zeugen davon; Archäologen stießen auf Getreidemühlen und Backöfen. Die Wissenschaftler fanden heraus, dass die Ägypter bis zu 40 verschiedene Arten Brot und Kuchen kannten und konnten anhand von Steintafeln belegen, dass Brot 15 unterschiedliche Namen hatte – je nach Rezept oder Form des Gebäcks. Ganz nebenbei entdeckten die Ägypter übrigens noch das Bierbrauen – noch heute wird Bier gern als „flüssiges Brot" bezeichnet.

Von Ägypten kam das Brot über die Hebräer und Griechen nach Italien. Im antiken Rom stand Brot auf jedem Speisezettel, schnell kam der sprichwörtliche Wunsch nach „Brot und Spielen“ auf. Schon um 200 vor Christus entstanden in Rom die ersten großen Bäckereien, Fachschulen für das Backwesen folgten. Der Verwaltungsapparat des Kaiser Augustus und seiner Nachfolger unterschied bereits Kuchen- und Feinbäcker, Bäcker für Soldatenbrot und Schiffszwieback. Über die Alpen gelangte die Backkultur zu den Galliern. Die Vorgänger der Franzosen ersetzten Sauerteig geschmackssicher durch Bierhefe als Gärungsmittel. Den Teig formten sie zu Kugeln (boules), und noch heute heißen die Bäcker in Frankreich „Kugeldreher“ (boulangers).

Brot und Volk

PIETER BRUEGHEL D. J., DER SOMMER, UM 1620

Die Germanen blieben dem Brot gegenüber misstrauisch und es dauerte lange, bis auch die Deutschen Geschmack daran fanden. Es waren die Klöster des frühen Mittelalters, die zur Verbreitung des Brotes beitrugen. Die Mönche mussten nicht nur sich, sondern aus christlicher Nächstenliebe auch die Hungernden versorgen – und so kam das Brot unters Volk.

Es entstanden die Berufe des Bäckers und Müllers, über denen sorgsam eine eigene Zunft wachte. Qualität, Gewicht, Zugaben: Alles war geregelt, und neben Geld- und Gefängnisstrafen drohte Betrügern das Tauchen

(Menschen wurden in eisernen Körben in Eiswasser getaucht) und im schlimmsten Fall sogar Erhängen. Der Bäckermeister des Mittelalters war ein hoch angesehener Bürger der Stadt: Er sah seinen Beruf als Amt an, welcher der Gemeinschaft und nicht dem Füllen des eigenen Geldbeutels diente. Bald unterschied die Zunft zwischen Schwarz- und Weißbäckern (die Roggen- und halbweiße Brot herstellten) und Sauer- oder Süßbäckern, die sich auf Hefeteig, Milchbrot und Kuchen spezialisierten. Dazu kamen Vertreter der Zunft wie der „Lebküchler" in Nürnberg oder der „Fastbäcker", der in Hafenstädten Schiffsbrote und Zwieback produzierte. Im 18. Jahrhundert nahm der „Condierer" sein Geschäft auf, der köstliche Torten und Gebäck kreierte.
Die nächste Etappe in der Geschichte des Brotes verdirbt Ernährungswissenschaftlern noch heute den Appetit: Statt des nahrhaften schwarzen Brotes wurde immer häufiger luftiges Weißbrot gebacken. Denn Farbe und Lockerheit des Brotes war eine Frage des Standes: An hochherrschaftlichen Tafeln durfte nur das edle Weiße gereicht werden. Auch hier waren die Franzosen Vorreiter, die ihre „boules" inzwischen zur Halbkugel und schließlich zum „baguette", zum schlanken Stangenbrot formten, das sie noch heute zu Wein und Käse brechen. So weit wollten die deutschen Bäcker nicht gehen, dennoch galt das derbe Roggenbrot als Nahrung des einfachen Volkes.

Brot und Wein

Brot war schon immer und noch stärker als die Kartoffel eine Waffe im Kampf gegen Hunger und Not, aber oft reichten die Mittel der Ärmsten der Armen nicht einmal zum Brotkauf. Der „Brotkrawall" wurde zum Synonym für den Hungeraufstand, das tägliche Brot zum Sinnbild des Lebens.
Besonders deutlich ist die symbolträchtige Tradition des Nahrungsmittels in der Bibel: Brot und Wein stehen für Leib und Blut Jesu Christi, und nicht zufällig erkennen die Jünger von Emmaus ihren Herrn durch die Geste des Brotbrechens. Zahlreiche Bräuche verdeutlichen den Stellenwert, den Brot in unserer Gesellschaft einnimmt: Dem Brautpaar wird Brot und Salz überreicht mit dem Segen, an beiden möge es in ihrem Haus nie fehlen, beim Anschneiden eines neuen Brotes werden drei Kreuze darauf gezeichnet. Als Geste der Versöhnung ist es in Russland noch heute üblich, eine Brotscheibe zu küssen, die versehentlich auf den Boden fiel. Doch auch wenn der Glaube bekanntlich Berge versetzt: Dass mit der Zeit immer mehr Menschen mit Brot versorgt werden konnten, ist dem technischen Fortschritt zu verdanken. Widerstandsfähige Weizen- und Roggensorten wurden gezüchtet, Sämaschinen, Pflüge und Mähdrescher brachten größere Ernten ein. Leistungsfähige Mühlen wurden entwickelt,

in den Backstuben hielten 1895 die ersten Teigknetmaschinen und kurz darauf der Dampfbackofen Einzug. Neue Zutaten wie Backpulver, bessere Hefen und nicht zuletzt der Zucker schufen eine Fülle von Waren, wie wir sie heute kennen: In Deutschland gibt es bis zu 300 verschiedene Brotsorten. Doch egal, wie ausgefeilt und raffiniert das Geschmackserlebnis Brot inzwischen ist: Am Anfang steht immer noch das Korn.

Gemahlene Gesundheit – Aus Korn wird Mehl

Egal ob Gerste, Roggen oder Weizen: Die Inhaltsstoffe des Korns sind gleich. Die Entscheidung zwischen vollem Korn und hellem Mehl fällt erst in der Mühle.

Forscher schätzen, dass unsere Vorfahren vor ungefähr zehntausend Jahren damit anfingen, Korn zu säen und zu ernten. Schnell fanden sie heraus, welche Sorte ihnen gut bekam und welche gut gedieh. Die brüchigen Ähren trug der Wind davon, die kräftigen Sorten fielen zur Erde, pflanzten sich fort. Aus wenigen Mutterpflanzen züchteten die Menschen im Lauf der Jahrhunderte unzählige Sorten mit verschiedenen Eigenschaften und Inhaltsstoffen, je nach Klima, Boden und Verwendungszweck. Heutzutage gibt es fast 4 000 verschiedene Getreidesorten. Und obwohl Gerste die älteste und lange Zeit die am weitesten verbreitete Art war, sind Roggen und Weizen die wichtigsten für das Brotbacken: Nur sie enthalten Kleber (Gluten), der das Mehl quellfähig macht und das Brot aufgehen lässt.

Gerste – die Frühreife

Gerste ist wahrscheinlich die älteste Kulturpflanze der Menschheit. In Vorderasien fanden sich Körner, die aus der Zeit um 7 000 vor Christus stammen, erst 3 000 Jahre später wurde sie in Ägypten kultiviert und weitere 2 000 Jahre vergingen, bis sie auch in Mitteleuropa heimisch war. Bis ins 16. Jahrhundert hinein galt Gerste als das wichtigste Getreide

Europas. Dann verlor sie wegen des geringen Klebergehalts an Bedeutung, da sie für Brot, die mit Hefe oder Sauerteig angesetzt werden mussten, ungeeignet ist. Den Aufschwung, den sie nach dem Zweiten Weltkrieg nahm, ist nicht etwa der schon von den antiken Griechen erwähnten „anregenden Wirkung auf den Geist" zu verdanken, sondern dem steigenden Bierkonsum.

Gerste hat von allen Getreidesorten die kürzeste Vegetationsperiode, braucht also vom Keimen bis zur Reife am wenigsten Zeit, und wird deshalb bevorzugt im Norden angebaut. Außerdem benötigt sie nur mäßig Wärme und gedeiht auch in sommertrockenen Gebieten.

Roggen – der Überlebenskünstler

Schon die Germanen waren bei ihren Nachbarn als „Roggenesser" bekannt, während Römer und Griechen den Roggen als Unkraut schmähten und als Viehfutter verwendeten. An der Beliebtheit des Getreides hat sich in unseren Breitengraden lange Zeit nichts geändert, und das aus gutem Grund: Roggen ist im Gegensatz zu Weizen widerstandsfähiger gegen Kälte, unempfindlicher gegen Infektionen, stellt geringere Ansprüche an den Boden und kann durch seine großen Wurzeln seine Nahrung auch aus tieferen Erdschichten holen. Wahrscheinlich stand Roggen zunächst tatsächlich als Unkraut auf Weizenfeldern und eroberte sich Jahr für Jahr mehr von der ausgelaugten Erde. Roggen ist ein Überlebenskünstler und wächst selbst in unwirtlichen Gegenden wie den Alpen in bis zu 1 800 Metern Höhe.

Im 19. Jahrhundert machte jedoch der Weizen immer mehr an Boden wett, und schon um die Jahrhundertwende wurde in Deutschland ebensoviel Weizen wie Roggen verbraucht. Das dunklere (Roggen-)Mehl war nicht mehr gefragt, helle Brote galten als schick und waren durch Neuerungen der Mahltechnik endlich auch für die ärmere Bevölkerung erschwinglich. Zudem war Roggen anfällig für „Mutterkorn", einen giftigen Pilz, der vom Mittelalter bis in die Neuzeit schwere Massenvergiftungen verursachte. Heutzutage wird Roggen meist als Mischbrot zusammen mit Weizen konsumiert: Etwa 80 Prozent aller verzehrten Brote und Kleingebäcke enthalten Roggen.

Weizen – die Nummer Eins

Weizen gehört zu den ersten kultivierten Nahrungspflanzen: Schon in ägyptischen Pharaonengräbern fanden Archäologen gut erhaltene Körner. Aus den Wildformen entwickelten sich im Laufe der Zeit zahlreiche Weizensorten. Heute ist Weizen neben Reis die wichtigste Nahrungspflanze der Welt mit der größten Anbaufläche. Egal zu welcher Jahreszeit: Irgendwo wird immer Weizen geerntet – auf allen Kontinenten. Das Getreide stellt hohe Ansprüche an den Boden, braucht viel Wasser und Sonne. Im Mittelalter bevorzugte man daher zwar genügsamere und widerstandsfähigere Getreidesorten; der Siegeszug des Weizens war jedoch nicht mehr aufzuhalten. Denn Weizen genießt unter allen anderen Arten eine Sonderstellung. Er schmeckt besonders gut und ist leicht zu verarbeiten. Durch seinen Klebergehalt (Gluten) wird jedes Gebäck locker, bekommt feine Poren und eine einwandfreie Krume.

Auch die Bewohner der neuen Welt lernten den Weizen wegen seines Geschmacks und seiner Backeigenschaften zu schätzen. Im heutigen Puerto Rico wurden die ersten Körner eigenhändig von Kolumbus in die Erde gesetzt, Spanier und Franzosen brachten den Weizen auf ihren Eroberungszügen weiter nach Nord-, Mittel- und Südamerika.

Mehl – das Endprodukt

Jede Getreideart hat ihre besonderen Eigenschaften, ihre eigene Geschichte und ihren speziellen Nutzen. Doch bei allen Differenzen gilt auch: Alle Getreide haben die gleichen Inhaltsstoffe, nur in verschiedenen Mengen. Das Getreidekorn besteht bei allen Sorten in seinem Kern hauptsächlich aus Stärke (Kohlenhydraten) und Eiweiß (Kleber). In den inneren Randschichten sind die Mineralstoffe und Vitamine konzentriert, die äußere Fruchtschale enthält den größten Teil der Ballaststoffe, die beim Feuchtwerden stark quellen. Keimt das Korn, enthält dieser Keim einen hohen Prozentsatz Fett (Keimöl) und wertvolles Eiweiß.

Wird das Korn im Ganzen verarbeitet, werden die Fette leicht ranzig, das Mehl dadurch bitter und nur begrenzt haltbar. Schon im 19. Jahrhundert gingen Müller deshalb dazu über, die hierfür verantwortlichen Bestandteile zu entfernen und nur noch den Mehlkörper zu verarbeiten; Keim und sämtliche Randschichten (Kleie) wurden als Viehfutter verwendet.

Für den Verbraucher ist der Mahlvorgang zum einen anhand des Ausmahlgrades, zum anderen an der Mehltype zu erkennen.

Der *Ausmahlgrad* gibt in Prozenten an, wieviel der ursprünglichen Kornmenge nach einem Mahlvorgang noch im Mehl vorhanden ist. Das bedeutet: Mit steigendem Ausmahlgrad gelangen Teile der Randschicht ins Mehl und reichern es mit Inhaltsstoffen des vollen Kornes an. Vollkornmehl und -schrot, bei denen das ganze Korn verarbeitet und nichts aussortiert wird, müssen daher immer einen Ausmahlgrad von 100 Prozent aufweisen.

Zweites Kriterium ist die *Typenzahl*: In Deutschland sind die Mehle der Industrie in einer DIN-Norm festgelegt. Die Mehltypenzahl gibt an, ob ein Mehl viel (hohe Typenzahl) oder wenig (niedrige Typenzahl) Randschichtenteile des Korns enthält.

Zur analytischen Bestimmung wird eine Mehlprobe verbrannt. Die Mineralstoffmenge, die übrig bleibt, ergibt dann die Mehltypenzahl: 1 050 Milligramm Mineralstoff in 100 Gramm Weizenmehl ergeben so die Type 1050. In den Haushalten ist die Type 405 aus Weizen verbreitet, der von der Mehlindustrie „gute Backeigenschaften und hohes „Bindevermögen" bescheinigt wird und ist (ebenso wie Type 550) ein Vielzweck-

mehl. Type 1050 ist dunkler und auf halbem Weg zum Vollkorn; aus ihm werden Mischbrotteige und herzhafte Backwaren geknetet. Speziell für Profizwecke wurden die Typen 812 und 1600 für helle und dunkle Mischbrote und Backschrot 1700 entwickelt, hinzu kommen Vollkornmehl und -schrot und die Type 1600 für Teigwaren. Auch die sechs Roggenmehle werden nach dieser Norm bezeichnet, die hellste Type 815 wird allerdings nur in Süddeutschland für helle Roggenbrote angeboten. Vollkornprodukte haben keine Typenzahl, da in ihnen immer so viel Mineralstoffe enthalten sind, wie das geschrotete Korn von Natur aus mitgebracht hat.
Für den Verbraucher heißt es aufzupassen: „Vollkorn" dürfen sich viele Mehle nennen. Wer wirklich das volle Korn will, sollte auf den Ausmahlgrad achten.

Je dunkler, desto gesünder

Getreideprodukte sind weltweit die wichtigste Nahrung: Sie enthalten fast alle wichtigen Nährstoffe, die der Mensch zum Leben braucht.
Etwa die Hälfte jedes Brotes besteht aus Kohlenhydraten, die enorm wichtig für den menschlichen Körper sind. Denn der funktioniert nur mit Energie. Kreislauf, Atmung, Gehirn: Alle lebenswichtigen Organe hängen von der Nahrung ab, die diese Energie liefert. Wichtigste Energielieferanten des Körpers sind in erster Linie die Kohlenhydrate, erst dann bedient er sich beim Fett. Das bedeutet: Kohlenhydrate werden meist vollständig verbraucht, wogegen Fett eingelagert wird und nur bei Bedarf zum Einsatz kommt. Deshalb machen Kohlenhydrate nicht dick! Erst beim Verzehr von mehr als 500 Gramm Kohlenhydraten pro Tag (umgerechnet 25 Scheiben Brot) findet beim Menschen eine messbare Fettbildung statt.

Ein anderer wichtiger Bestandteil des Brotes sind seine Ballaststoffe. Unter Ballaststoffen verstehen wir Stoffe, die unversehrt als nicht kalorienhaltige Füll- und Quellstoffe in den Darm gelangen. Lange Zeit galten sie als überflüssig; inzwischen wissen wir, wie wichtig Ballaststoffe für den menschlichen Körper sind: Ballaststoffe senken die Blutfettwerte und beugen so Herzinfarkt und Arterienverkalkung vor und sind für die Darmtätigkeit praktisch unentbehrlich. Durch das Ausmahlen verliert das Mehl nicht nur an wertvollen Mineralien und

Vitaminen: Am meisten sinkt die Anzahl der Ballaststoffe. Natürlich ist Brot in jedem Fall wertvoll. Dennoch ist es umso gesünder, je mehr Bestandteile des ursprünglichen Kornes es noch enthält. Da das Mehl umso dunkler ist, je mehr Randschichtenteile es enthält, gilt die Faustregel: Dunkles Brot ist gesünder als helles.

Mit Säure oder Hefe – Aus Mehl wird Brot

Nur nicht so steif: Brotbacken ist nicht schwer. Neben Salz, Wasser, Hefe oder Sauerteig braucht das Mehl nur Ruhe, um locker zu werden.

Mehl, Salz, Wasser, Sauerteig oder Hefe: Mehr braucht man nicht, um Brot zu backen. Dass es so viele unterschiedliche Sorten gibt, liegt an der Variation der Getreideart, dem Ausmahlungsgrad des Mehles und deren Mischungsverhältnis sowie den Zusätzen wie Quark, Milch, Gewürzen, Fette. Beim Brotbacken entscheiden drei Dinge über das Gelingen: die richtige Zubereitung des Teiges, die Lockerung und das gute Ausbacken.

Der Vorteig

Wer Roggenbrot oder Brot mit einem hohen Roggenmehlanteil backen will, muss Säure zusetzen, um den Teig durch Gärblasen locker werden zu lassen. Mehl, das mit Wasser angerührt wird, wird nach einiger Zeit von alleine sauer. Verantwortlich dafür sind kleinste Hefepilze, Milchsäure und Buttersäure bildende Spaltpilze.
Wer Sauerteig das erste Mal ansetzen möchte, verarbeitet 400 g Roggenmehl mit 400 ml Wasser in drei Stufen:

Grundrezept für Sauerteig

1. Stufe:
100 g Roggenmehl mit 100 ml lauwarmem Wasser in einer Schüssel verrühren, mit einem Tuch bedecken und in eine Plastiktüte stecken. An einem warmen Ort (20 °C) etwa 24 Stunden gehen lassen.

2. Stufe:
Sauerteigansatz mit 100 g Roggenmehl und 100 ml lauwarmem Wasser verrühren und nochmals 24 Stunden gehen lassen.

3. Stufe:
200 g Roggenmehl und 200 ml lauwarmes Wasser zufügen, gut mischen und zugedeckt weitere 24 Stunden gehen lassen. Der Sauerteig ist reif, wenn er säuerlich riecht und kleine Blasen wirft.
Um den natürlichen Gärprozess nicht immer von vorne beginnen zu müssen, nimmt man beim Brotbacken einen Teigrest und bewahrt ihn bis zum nächsten Mal im Kühlschrank auf. Älterer Sauerteig ist besser als frisch gewonnener, weil er mehr Gärungserreger enthält.
Im Reformhaus und ausgewählten Supermärkten gibt es auch getrockneten Sauerteig (z.B. von Hugo Erbe oder „gut & gerne") zu kaufen. Er wird meist am Vortag angesetzt und ruht über Nacht oder wird einfach dem Mehl zugegeben – je nach Packungsanweisung.

Um mit einem Sauerteig den Vorteig zu bilden, wird in eine Schüssel ein Teil der Mehlmenge geschüttet. Wer vom letzten Backen einen Sauerteigrest aufbewahrt hat, befreit ihn von angetrockneten Schichten und löst ihn im warmen Wasser auf. Die Lösung kommt zu dem Mehl und wird so lange verknetet, bis ein steifer Brei entsteht. Dieser Vorteig (auch „Ansatz" genannt) bleibt über Nacht stehen, um zu gehen. Am nächsten Tag werden die Blasen, die sich gebildet haben, probeweise zerdrückt. Wenn keine neuen entstehen, ist der Teig ausgegoren und kann weiter verarbeitet werden.

Tipp: Je länger ein gärender Teig stehen bleibt, umso größer wird sein Geschmacksreichtum. Gleichzeitig dunkelt der Teig noch etwas nach.

Allgemein wird Sauerteig nur für dunkle oder gemischte Brote verwendet – Weißbrote werden durch Sauerteig grau.
Weizen benötigt wegen seines höheren Klebergehaltes Hefe zur Gärung. Auch hier wird vor allem mit frischer Hefe ein Vorteig gebildet: In eine Mehlmulde wird die Hefe zerbröckelt und mit etwas Wasser verrührt; noch schneller geht es, wenn man einen Teelöffel Honig zufügt. Sobald sich Blasen bilden, kann der Hefe-Vorteig weiter verarbeitet werden: Da die Triebleistung der Hefe sich erst während der zwei Ruhephasen der Teigbereitung vollständig entwickelt, muss der Vorteig nicht so lange reifen wie beim Sauerteig.

Der Teig

Zunächst wird das Mehl gesiebt, um es zu lockern und mit Sauerstoff anzureichern. Wasser und Salz sind sehr wichtig, da sie nicht nur den Geschmack, sondern auch die Konsistenz des Teiges beeinflussen. Alle Zutaten werden entsprechend gewogen, das Triebmittel (Sauerteig bzw. Hefe) zugegeben und alles gut durchgeknetet. Früher war das Teigkneten eine schwere und anstrengende Arbeit – viele Bäuerinnen konnten den schweren Teig nur mit den Füßen bewältigen. Heutzutage gibt es Knetmaschinen, die die Teigbereitung gut und gründlich erledigen. Roggen- und roggenhaltigen Broten wird selten eine weitere Zutat zugefügt, während man Weizen- und Weizenmischbrotsorten gern mit anderen Zutaten wie Milcherzeugnissen, Fett und Zucker ergänzt. Weizenmehlteige brauchen deshalb in der Regel eine längere Knetzeit.

Vor der Weiterverarbeitung lässt man den Teig ruhen. In dieser ersten Ruhephase vollenden sich die beim Kneten in Gang gesetzten Teigbildungs- und Quellvorgänge; Hefe entwickelt erst in dieser Ruhephase die für den Backprozess erforderliche Treibleistung. Aus diesem Grund muss Weizenteig mindestens 20 bis 30 Minuten, Roggen- und Mischbrotteig nur 10 bis 20 Minuten gehen.

Anschließend wird der Teig „aufgemacht“, d.h. er wird zu backfertigen Stücken verarbeitet. Jedes einzelne Stück muss noch einmal durchgearbeitet werden, um Gärblasen zu beseitigen und regelmäßige Poren zu erzielen; der Bäcker nennt diesen Arbeitsvorgang „Wirken“. Nach der endgültigen Formgebung bzw. dem Einfüllen in die Backform erfolgt die zweite Ruhephase: Wieder muss der Teig ruhen, er dehnt sich aus und erhält seine volle Lockerung. Die Hefe entfaltet nun ihre volle Gärleistung.

Das Backen

Die Brote werden anschließend je nach Sorte unterschiedlich heiß und lange gebacken. Dabei beeinflusst schon die Wahl des Ofens das Backergebnis; die Rezepte in diesem Buch sind jedoch allesamt auf den gebräuchlichen Elektroherd abgestimmt.

Auch die Form der Brote ist von Bedeutung:
„Freigeschobene" Brote haben einen ovalen Querschnitt und liegen frei im Backofen. „Angeschobene" Brote haben einen rechteckigen Querschnitt und liegen aneinander, „Kastenbrote" werden in Backformen gebacken. Je nachdem, ob in der Form oder auf einem Blech gebacken wird, bildet sich die Kruste aus. Krustenreiche Brote schmecken herzhafter: Durch die hohen Temperaturen bilden sich Röst- und

ROGGEN-VOLLKORNBROT – REZEPT SIEHE SEITE 50

Karamellstoffe in der Rinde, die für den Geschmack verantwortlich sind. Die meisten Brote werden bei hohen Temperaturen angebacken und anschließend bei herunter gedrehter Temperatur ausgebacken. Anschließend müssen sie auf einem Gitterrost abkühlen.

Haltbarkeit

Roggenbrote und besonders Schrot-, Vollkorn- und Mischbrote mit hohem Roggenanteil bleiben länger frisch, weil sie einen höheren Säureanteil haben. Bis zu zwölf Tagen lässt sich solch ein dunkles Brot lagern, Weizenbrote bleiben meist nur drei bis fünf Tage frisch. Für alle Sorten jedoch gilt: Brot und Brötchen gehören nicht in den Kühlschrank, sie sind bei Zimmertemperatur am besten aufgehoben. Es eignet sich eine luftdichte Lagerung in Steingut- oder Keramiktöpfen oder Brotkästen; zur Not sind auch Kunststoffbeutel oder -folien hilfreich. Tiefgefroren hält sich Brot mehrere Wochen, allerdings sollte es vor dem Einfrieren so frisch wie möglich sein. Und es braucht Zeit, um wieder aufzutauen: Mindestens fünf Stunden vor dem Verzehr sollte das Brot aus dem Gefrierfach genommen werden. Dennoch gilt: Brot schmeckt frisch am besten, egal wie sorgsam es aufbewahrt wird.

Alle wichtigen Zutaten

Dinkel

Auch „Schwabenkorn" oder „Spelz" genannt. Das eigensinnigste unter den Getreidesorten, denn es umgibt seine Körner mit dem fest angewachsenen Spelz, der aufwändig entfernt werden muss. In Schwaben war Dinkel schon immer eine regionale Spezialität; sein nussiger Geschmack und die guten Backeigenschaften machten ihn so beliebt. Im frühen Reifestadium halbfest geerntet und dann getrocknet heißt der Dinkel übrigens Grünkern.

Hafer

Ernährungsphysiologisch gesehen das wertvollste Getreide durch biologisch hochwertige Eiweiße, hohen Fettgehalt und eine Vielzahl an essentiellen Fettsäuren und Vitamin B_1. **Haferflocken** sind das am häufigsten verzehrte Hafererzeugnis; in Großbritannien ist der Haferbrei (Porridge) ein tägliches Muss.

Haferkleie

heißen die rauen, äußeren Schichten des Haferkorns, die beim Mahlen entfernt werden. Sie sind sehr ballaststoffreich und werden zum Kochen oder Brotbacken verwendet.

Hirse

Nährstoffkönigin unter den Getreidearten und sehr alte Sättigungsbeilage. Lange Zeit als Arme-Leute-Essen verpönt, wurde sie hierzulande hauptsächlich als Futter- und Industriepflanze verwendet. Inzwischen beginnt die Hirse sich in der Vollwertküche (und hier besonders beim Brotbacken) durchzusetzen: Ihr hoher Eisen- und Fluorgehalt stärkt Haut, Haar, Nägel und Zähne. Tipp: Um den bitteren oder etwas ranzigen Geschmack zu vermeiden, Hirse vor der Zubereitung immer gut unter fließendem, heißen Wasser abspülen.

Kleie
Gehaltvoller Rest, der beim Mahlen von Getreide anfällt. Mit hohen Anteilen an Ballaststoffen, Eiweißen, Stärke und Vitaminen, die dem Ausgangskorn als Kraftquelle zum Keimen mitgegeben wird.

Korn
Die Getreidesorte, die in der jeweiligen Region am häufigsten angebaut und verwendet wird: In Deutschland allgemein Roggen, in Süddeutschland der früher dort weit verbreitete Dinkel, in Schweden Gerste, in England und Frankreich Weizen, Schotten und Iren meinen Hafer, Inder bezeichnen ihren Reis als Korn, in Afrika heißt so die Hirse, und die Amerikaner nennen den Mais „corn".

Leinsamen
Samen einer Flachspflanze, die in vielen unterschiedlichen Formen erhältlich sind, besonders gequetscht ist Leinsamen eine wertvolle Verdauungshilfe. Wird gern über Müsli oder Joghurt gestreut oder dem Brot beigegeben.

Öl
Als chemische Verbindung von Glycerin und Fettsäuren werden Öle aus allerlei Nüssen, Samen, Kernen, Keimen oder Früchten gewonnen. Manche müssen dazu vorher zerkleinert, gedämpft, geröstet werden, um die Zellen aufzuschließen. Öle ohne Wärmebehandlung dürfen als „native Öle" bezeichnet werden und sind idealerweise kalt gepresst. Am begehrtesten und geschmacklich besten sind die so genannten Jungfernöle mit maximal einem Prozent Fettsäure (franz.: huile vierge, ital.: extra vergine)

Schrot
Im Ganzen mehr oder weniger grob gemahlene (geschrotete) Getreidekörner, die viel Ballaststoffe enthalten. Frisch geschrotetes Getreide enthält noch alle Vitamine, Proteine und Mineralstoffe. Bekömmliches Schrot ist vor allem in Vollkornbrot enthalten.

Sesam
Vermutlich älteste, ursprünglich aus Afrika stammende Ölpflanze der Welt mit nur schwer platzenden Samenkapseln (daher die märchenhafte Beschwörungsformel „Sesam, öffne dich!"). Die Samen werden zur nussigen und vielfachen Aromaverstärkung geröstet und verbacken.

Sesamöl
Kalt gepresst geben zuvor geröstete Sesamsamen ein geruchsloses, sanft süßliches Öl, das sich besonders gut hält und nicht ranzig wird.

Sojabohne
Hülsenfrucht, die seit 4 000 Jahren in der Mandschurei, China, Korea und Japan als Eiweißlieferantin kultiviert wird. Das reichlich vorhandene Eiweiß ist dem tierischen Eiweiß ähnlich. Sojabohnenmilch ist in Japan sogar Kindernahrung, in Europa überwiegt der Konsum von Sojasprossen.

Sojamehl
Aus der Sojabohne gewonnenes Mehl, das die Eiweiße von Weizenmehl um das Doppelte übertrifft.

Sonnenblumenkerne
Samen der Sonnenblume, die botanisch gesehen kleine Nüsschen sind und es in sich haben: 50 Prozent fettes Öl, knapp 30 Prozent Eiweiße und viel Lecithin.

Die wichtigsten Abkürzungen für Maßeinheiten

E-Herd	Elektroherd	kg	Kilogramm
EL	Esslöffel (ca. 30 g)	l	Liter
fein gerasp.	fein geraspelt	Min.	Minuten
fein gem.	fein gemahlen	ml	Milliliter
g	Gramm	P.	Paket/Päckchen
geh.	gehäuft	Pr.	Prise
geha.	gehackt	Std.	Stunde
gem.	gemahlen	T.	Tasse
gerasp.	geraspelt	TK	Tiefkühl
gestr.	gestrichen	TL	Teelöffel (ca. 15 g)
getr.	getrocknet	Tr.	Tropfen
handw.	handwarm (ca. 35 °C)	W.	Würfel (ca. 40 g)

Tipps für erfolgreiches Brotbacken mit diesem Buch:

- Die Original-Brotrezepte aus ländlichen Backstuben wurden unverändert übernommen. Da mit den angegebenen Zutaten mal größere, teilweise sogar gleich mehrere Brote auf einmal gebacken werden können, wurde die Teigmenge jedes Originalrezeptes in Gramm angegeben. Um mehr Teig zu erhalten, müssen die einzelnen Zutaten mit demselben Faktor multipliziert werden. Soll weniger Brotteig als angegeben hergestellt werden, dann können alle Zutaten entsprechend reduziert werden. Die Mengenangaben von Salz und Gewürzen werden eher abgerundet. Bei allen übrigen Zutaten kann aufgerundet werden.
- Zieht man 10 – 20 % Backverlust von der Teigmenge ab, erhält man das ungefähre Gewicht des ausgebackenen Brotes.
- Sauerteigextrakt, Backferment, Hefeflocken etc. sind in Reformhäusern erhältlich.
- Backautomaten fassen in der Regel 750, 1000 oder 1250 g Teig.
- Bei Heißluftöfen ist die Hitze, wenn nicht anders angegeben, um etwa 20 % zu verringern.
- Die goldene Regel des Brotbackens lautet: Die Zutatenmengen müssen stimmen. Wiegen Sie deshalb alle Mengen genau ab.
- Mit wenigen Ausnahmen müssen alle Zutaten Zimmertemperatur haben. Die Zutaten daher rechtzeitig aus dem Kühlschrank nehmen.
- Sie finden in den Brotrezepten verbindliche Angaben zu den Zutaten und zu den Zeiten, wie lange ein Teig gehen muss. Diese Angaben sollten Sie nicht zu starr handhaben, denn jedes Mehl reagiert anders. Außerdem haben Faktoren wie Raumtemperatur und Luftfeuchtigkeit einen entscheidenden Einfluss auf den Teig.
- Auch beim Brotbacken gilt: Übung macht den Meister. Nur viel Übung und Erfahrung helfen dem Brotbäcker zu lernen, wie viel Flüssigkeit der Teig braucht, wie lange er zu kneten ist und wie lange er jeweils gehen muss.

®

Für den Fall, dass doch mal etwas schief gehen sollte …

Pannenhilfe

Wenn das Brot zusammensackt …

… war wahrscheinlich die Teigmischung zu flüssig. Versuchen Sie die Flüssigkeitsmenge (Wasser, Milch oder Öl) zu reduzieren. Dosenfrüchte sollten gut abtropfen und vor der Zugabe trocken getupft werden. Nehmen Sie das Brot sofort aus der Form und lassen Sie es auf einem Kuchenrost abkühlen.
Versuchen Sie es mit einer weniger groben Mehlsorte. Durch die Hefe ist das Mehl zwar gegangen, aber nicht in der Lage gewesen, die Form zu halten.
Vorsicht bei Broten mit Käse: Jede Käsesorte hat ihren eigenen Feuchtigkeitsgehalt. Nehmen Sie nur die angegebene Käsesorte oder reduzieren Sie etwas Flüssigkeit.

Wenn die Mitte klitschig ist …

… kann das mit der Mehlsorte zusammenhängen. Versuchen Sie es mit einer zusätzlichen Knetphase: Dadurch wird mehr Luft in den Teig gepumpt und Wasser gebunden.
Durch Zugabe von feuchten Zutaten wie z.B. Joghurt kann das Innenleben des Brotes zu feucht werden. Reduzieren Sie andere Flüssigkeiten.

Wenn das Brot ballonartig anschwillt …

… haben Sie zu viel Hefe verwendet. Vergleichen Sie noch einmal Ihre Hefeart mit der im Rezept angegebenen.
Zu viel Zucker kann ebenfalls dazu führen, dass die Hefe zu sehr treibt. Reduzieren Sie die Zuckermenge und seien Sie vorsichtig mit Zutaten wie Trockenfrüchten und Honig: Beide sind Zucker in Rohform.
Reduzieren Sie die Flüssigkeitsmenge: Die Hefe wird weniger heftig reagieren.
Bei feineren Mehlen ist nicht so viel Hefe erforderlich.

Wenn die Brotrinde wie ein Baumstamm aussieht …

… fehlt ihr wahrscheinlich Feuchtigkeit. Reduzieren Sie die Mehlmenge um $1/8$ Tasse oder erhöhen Sie die Flüssigkeitsmenge.

Wenn das Brot zum Ziegelstein wird …

… war die Hefe vielleicht zu alt. Sie können Hefe testen, indem Sie einen Teelöffel Zucker mit einem Esslöffel Hefe in einer Tasse lauwarmen Wassers mischen. Wenn sich die Mischung innerhalb von 15 Minuten verdoppelt hat, ist Ihre Hefe frisch.
Zu kaltes oder zu warmes Wasser kann dazu führen, dass Hefe nicht richtig treibt.

Roggen- und Roggenmischbrote

Die Dunklen:

Roggen- und Roggenmischbrote sind sehr vitamin- und nährstoffreich. Je dunkler sie sind, desto höher ist der Roggenmehlanteil in ihnen und desto kräftiger auch ihr Geschmack. Reines Roggenmehl ist in Deutschland eher selten, während Roggenmischbrote weit verbreitet sind – beide Arten werden mit Sauerteig oder mit Hefe und Sauerteig hergestellt. Je dunkler die Krume, desto höher der Ausmahlgrad und damit auch der Anteil an lebenswichtigen Nährstoffen.

Bauernbrot

Bauernbrot

Zubereitung:

a) Vorteig:

① Vor dem Backtag: Aus dem Roggenmehl eine Mehlmulde in einer Schüssel vorbereiten.
② In diese Mulde den Sauerteig und das Wasser geben.
③ Mit der Hand langsam vom Rand her Mehl in die Mulde einarbeiten.
④ Schrittweise weitere kleine Mehlportionen untermischen, bis eine feste Teigpaste entsteht.
⑤ Alles abdecken und 12 Std. warm stellen.

b) Brotteig:

① Am Backtag: Die Hefe und den Zucker in 50 ml Wasser auflösen und 10 Min. gehen lassen.
② Diesen Hefeansatz mit den übrigen Zutaten zum Vorteig geben.
③ Alles vermischen und 30 bis 45 Min. gehen lassen.
④ Dann einen Brotteig auskneten und zu einem Laib formen.
⑤ Den Brotlaib in eine gefettete Kastenform geben.
⑥ Mit einem Messer das Brot je dreimal schräg einstechen und einschneiden.
⑦ Den Brotteig wieder 30 Min. gehen lassen.
⑧ Das Brot in den vorgeheizten Backofen schieben.

Backzeit: 60 bis 80 Min.
Hitze: 190 °C (eine Tasse mit Wasser in den Ofen stellen)

⑨ Danach die Brote sofort aus der Form nehmen und auf einem Holzbrett auskühlen lassen.

Hilfsmittel:
- Kastenform (30 cm x 14 cm)
- zwei große Rührschüsseln

Zutaten:

a) Vorteig:

625 g Roggenmehl (Type 1150)
100 g fertig gereifter Sauerteig *(siehe S. 17)*
600 ml handw. Wasser

b) Brotteig:

500 ml handw. Wasser
15 g frische Hefe
$1/2$ TL Zucker
625 g Roggenmehl (Type 1150)
375 g Weizenmehl (Type 405)
30 g Salz
etwas Fett für die Form

Teigmenge: ca. 2 865 g

Brüggener Kasten

„Ein gesundes Vollkornbrot, das sich lange frisch hält."

Brüggener Kasten

Zutaten:

a) Sauerteigansatz:

400 g Roggenschrot
50 g Buttermilch
350 ml Wasser

b) Brotteig:

950 g Roggenkörner
250 g Weizenkörner
800 g fertig gereifter Sauerteig aus a)
35 g Buchweizen
35 g Leinsamen
35 g Sesam
35 g Sonnenblumenkerne
1 W. Hefe
30 g Salz
1 TL Brotbackgewürz (Fertigmischung)
ca. 1 l Wasser
etwas Fett für die Form

c) Kruste:

Haferflocken zum Ausstreuen

Teigmenge: ca. 4 020 g

Zubereitung:

a) Sauerteigansatz (800 g):

① 50 g Roggenschrot, 50 g Buttermilch und 50 ml Wasser zu einem dicken Teig in einer Teigschale verrühren.
② Die Teigschale mit einem Geschirrtuch abdecken und 24 bis 36 Std. warm stellen (z. B. neben die Heizung).
③ Nach 12 bis 18 Std. den Teig noch einmal umrühren.
④ Später, nach den 1 1/2 Tagen Teigruhe, 100 ml Wasser und 100 g Roggenschrot zugeben und verkneten.
⑤ Bei Zimmertemperatur die neue Teigmasse über Nacht stehen lassen.
⑥ Dann 200 ml Wasser und 250 g Roggenschrot zugeben und erneut verkneten.
⑦ Den Teig abschließend 6 bis 12 Std. in einem gut geheizten Zimmer gehen lassen.
⑧ Der Teig ist backbereit, wenn er säuerlich riecht und Bläschen wirft.
⑨ Den fertigen Teig in einem Aufbewahrungsbehälter mit Deckel im Kühlschrank lagern. Der Teig hält sich gut eine Woche.

b) Brotteig:

① 900 g Roggenkörner grob in der Getreidemühle zu Roggenschrot mahlen.
② 200 g Weizenkörner zu Weizenschrot fein mahlen.
③ 50 g Roggenkörner und 50 g Weizenkörner zu Getreideflocken in der Flockenquetsche drehen.

4. 800 g Sauerteig, 700 g Roggenschrot und 0,7 l Wasser in der Teigknetmaschine 5 Min. durchkneten.
5. Von dieser Teigmenge werden 800 g Brotteig als Sauerteigansatz für das nächste Backen abgenommen und in den Aufbewahrungsbehälter gelegt. Den Behälter erst nach einem Tag in den Kühlschrank stellen.
6. $^{2}/_{3}$ des restlichen Brotteiges in eine extra Schüssel geben und abdecken.
7. Zur verbliebenen Teigmenge (ca. $^{1}/_{3}$) den Buchweizen, den Leinsamen, den Sesam, die Sonnenblumenkerne, die Getreideflocken, 200 g Roggenschrot und 200 ml Wasser zugeben und 10 Min. durchkneten.
8. Diesen Teig abgedeckt 10 bis 12 Std. bei Raumtemperatur gehen lassen.
9. Anschließend in die Mitte des Teiges eine Mulde drücken (z.B. mit einem Löffel).
10. In diese Mulde 200 g Weizenschrot, 100 ml Wasser und einen Würfel zerbröckelte Hefe geben und 10 Min. gehen lassen.
11. Danach diesen Teig mit dem $^{2}/_{3}$ Rest-Brotteig (Punkt 3), dem Salz und dem Brotbackgewürz vermischen und 10 Min. verkneten. Der fertige Brotteig muss geschmeidig sein. Bei zu festem Teig noch etwas Wasser zugeben.
12. Den Teig mit einem feuchten Teigschaber in jeweils zwei gefettete und mit Haferflocken ausgestreute Backformen füllen.
13. Den Teig in den Formen gehen lassen, solange bis er sich um ein Drittel vergrößert hat.
14. Den Brotteig im vorgeheizten E-Herd (Ober- und Unterhitze) 1 Std. in zwei Stufen backen:

    Backzeit – Stufe 1: 30 Min., Hitze: 250 °C
    Backzeit – Stufe 2 : 30 Min., Hitze: 180 °C

Hinweis: Eine Tasse Wasser auf den Boden des E-Herdes stellen.

Tipp:
Wer keine Flockenquetsche hat: Das Brot lässt sich auch mit ganzen Körnern backen.

Bullerbeeks Roggenvollkornbrot

„Ein guter, milder Sauerteig ist die beste Voraussetzung für ein bekömmliches Brot."

Bullerbeeks Roggenvollkornbrot

Zutaten:

a) Sauerteigansatz:
400 g mittlerer Roggenschrot
400 ml handw. Wasser
1 TL Zucker

b) Vorteig:
660 g grober Roggenschrot
500 ml handw. Wasser

c) Brotteig:
1 200 g mittlerer Roggenschrot
50 g Salz
1 l handw. Wasser
1 TL gem. Kümmel
etwas Fett für die Form

Teigmenge: ca. 4 225 g

Zubereitung:

a) Sauerteigansatz (drei Stufen):

① Stufe 1: 100 g Roggenschrot, 100 ml Wasser und den Zucker in einer Schüssel verrühren.
② Den Ansatz 24 bis 48 Std. abgedeckt bei Raumtemperatur gehen lassen.
③ Stufe 2: In den Ansatz 100 g Roggenschrot und 100 ml Wasser rühren.
④ Den Ansatz 24 Std. wie in Stufe 1 gehen lassen.
⑤ Stufe 3: In den Ansatz 200 g Roggenschrot und 200 ml Wasser rühren.
⑥ Den Ansatz noch einmal 24 Std. wie in Stufe 1 gehen lassen.

b) Vorteig:

① Ein Tag vor dem Backen: Den fertigen Sauerteig (800 g) mit den Zutaten für den Vorteig in einer Schüssel verrühren.
② Den Vorteig 18 Std. bei Raumtemperatur gehen lassen.

c) Brotteig:

① Backtag: Die Zutaten für den Brotteig mit dem fertigen Vorteig ca. 30 Min. verkneten (muss wie ein fester Rührteig werden).
② Den Teig 20 Min. ruhen lassen.
③ Danach den Teig erneut kurz durchkneten.
④ Von diesem Teig 1 kg abnehmen und bis zum nächsten Backen in einem Gefäß kühl aufbewahren.
⑤ Den Teig in zwei gefettete Kastenformen füllen und mit nassen Händen glattstreichen.
⑥ Mit den Holzspießern Löcher in den Teig stechen.
⑦ Anschließend den Teig 2 bis 3 Std. gehen lassen.
⑧ Die Brote in den vorgeheizten Backofen (140 °C) schieben.

Backzeit: 4 Std.
Hitze: 140 °C (untere Schiene)

⑨ Nach dem Backen die Brote aus den Formen nehmen.
⑩ Garprobe: Das Brot klingt beim Gegenklopfen hohl.
⑪ Auf einem Kuchenrost die Brote auskühlen lassen.

Hinweis: Den Sauerteig ca. fünf Tage vor dem Backtag ansetzen. Der Sauerteig muss nicht neu hergestellt werden, wenn regelmäßig gebacken wird. Es kann dann gleich mit dem Vorteig begonnen werden.

Hilfsmittel:
- große Rührschüssel
- zwei mittelgroße Kastenformen
- Holzspieße

Tipp: Beim Sauerteigansatz nur mittleren Roggenschrot verwenden.

„Das Saftige"
ein reines Roggenbrot

»Das Saftige«

Ein reines Roggenbrot

Zubereitung:

① Alle Zutaten, bis auf die Sonnenblumenkerne, in einer Schüssel vermischen und zu einem Teig verkneten.
② Diesen Teig 1 Std. gehen lassen.
③ Danach den Teig erneut kneten und die Sonnenblumenkerne untermengen.
④ Eine Kastenform gut ausfetten.
⑤ Aus dem Teig einen länglichen Brotlaib formen und mit dem Schluss nach unten in die Form legen.
⑥ Den Brotlaib 15 Min. gehen lassen.
⑦ Anschließend die Form in den vorgeheizten Backofen schieben.
⑧ Erst 15 Min. bei 250 °C backen, dann 1 Std. bei 180 °C.
⑨ Das Brot nach dem Backen 15 Min. im ausgeschalteten Ofen lassen.

Hinweis: Dieser Brotteig ist sehr klebrig und lässt sich nur schwer verkneten. Wenn der Teig zu fest wird, etwas Wasser zugeben.

Zutaten:

750 g grober Roggenvollkornschrot
150 g Sauerteig *(siehe S. 17)*
20 g Hefe
20 g Salz
1 TL Kümmel
1 TL Koriander
530 ml Wasser
2 EL Rübensirup
50 g Sonnenblumenkerne
etwas Fett für die Form

Teigmenge: ca. 1 645 g

Hilfsmittel:
- große Rührschüssel
- Kastenformen

Tipp: Das Brot kann auch ohne Sonnenblumenkerne gebacken werden. Dann 30 ml weniger Wasser in den Teig geben.

„Ein Brot – frisch vom Lande und herzhaft im Geschmack.“

Großes Roggen-Vollkornbrot

Großes Roggen-Vollkornbrot

Zutaten:

a) Sauerteigansatz:
450 g Roggenschrot
450 ml handw. Wasser
1 großer EL Sauerteig
(siehe S. 17)

b) Brotteig:
450 ml handw. Wasser
20 g Salz
1 W. Hefe
150 g gequetschter Roggen
300 g Roggenschrot
100 g Sonnenblumenkerne
etwas Fett für die Form(en)

Teigmenge: ca. 2 016 g

Zubereitung:

a) Sauerteigansatz:

① Die Zutaten zum Sauerteig vermischen und verkneten.
② Den Sauerteig über Nacht (12 Std.), mit Folie abgedeckt stehen lassen.
③ Für das nächste Backen vom fertigen Sauerteig 1 EL abnehmen und kühl stellen.

b) Brotteig:

① Das Salz und die Hefe im Wasser auflösen.
② Den Sauerteig zusammen mit allen anderen Zutaten in einer Schüssel mit einem Rührgerät gut durchkneten.
③ Den Teig in eine große oder zwei kleine gefettete Kastenformen füllen.
④ In der Kastenform den Teig 1 bis 2 Std. gehen lassen.

Backzeit: 55 Min. (große Kastenform)
Hitze: 200 °C

⑤ Das Brot aus der Form nehmen und noch einmal 25 Min. ohne Form backen.

Hinweis: Beim Backen in kleineren Kastenformen ändert sich die Backzeit (45 Min. in der Form und 15 Min. Nachbacken ohne Form).

Hilfsmittel:
- Rührgerät
- große Kastenform (40x15 cm)

Hinnebecker Vollkornbrot

Hinnebecker Vollkornbrot

Zubereitung

a) Vorteig:

① Abends vor dem Backen: Alle Zutaten in einer Schüssel gut vermengen.

② Die Schüssel abdecken und an einen warmen Ort stellen, am besten den Teig bei Raumtemperatur 8 bis 12 Std. gehen lassen.

b) Brotteig:

① Morgens am Backtag: Vor der Weiterverarbeitung eine Tasse vom Vorteig abnehmen. Den Vorteig bis zum nächsten Brotbacken gut verschließen und im Kühlschrank aufbewahren.

② Alle anderen Zutaten (siehe Brotteig) zum Vorteig dazugeben, gründlich verkneten und zu einem länglichen Laib formen.

c) Dekoration:

① Ein Backblech mit Backpapier auslegen und mit Sesam und Sonnenblumenkernen bestreuen. Den Teig 2 Std. bei Raumtemperatur auf dem Backblech ruhen lassen.

② Kurz vor dem Backen die Teigoberseite mit 60 ml lauwarmen Kaffee benetzen und dann mit einem Messer ein Ährenmuster, ca. 1 cm tief, in den Teig einritzen.

③ Den Brotlaib im E-Herd (Umluftstufe) backen.

Backzeit: 2 Std.
Hitze: 150 °C

Tipp: Das Backferment (z.B. „Hugo Erbe“) ist in Reformhäusern und Naturkostläden erhältlich.

Zutaten:

a) Vorteig:
500 g Roggenschrot
500 ml warmes Wasser
125 g fertiges Backferment (Grundansatz)

b) Brotteig:
125 g gem. Dinkel
125 g Sonnenblumenkerne
125 g Leinsamen
125 g feine Haferflocken
250 g Weizenmehl (Type 550)
100 g feines Roggenmehl
30 g Salz
500 ml warmes Wasser

c) Kruste:
etwas Sesam
einige Sonnenblumenkerne
60 ml lauwarmer Kaffee

Teigmenge: ca. 2 505 g

Korbbrot

Korbbrot

11

Zubereitung

① Das Mehl, den Sauerteig, das Wasser und die Buttermilch in eine Schüssel geben.
② Alle Zutaten unter Beigabe der Hefe und der Gewürze gut 10 Min. durchkneten.
③ Den vorbereiteten Teig an einen warmen Ort ca. 30 Min. gehen lassen.
④ Anschließend den Teig noch einmal zusammenkneten und zu einem runden Brot formen.
⑤ Der geformte Teig wird mit dem Schluss (nach unten auf ein Backblech gelegt, sodass sich die Brotrundung oben befindet.
⑥ Den geformten Teig in zwei Stufen, im vorgeheizten Backofen, backen:

Stufe 1: bei 250 °C Hitze, 15 Min. backen, danach Temperatur auf 180 °C zurückdrehen
Stufe 2: bei 180 °C Hitze, 50 Min. backen

⑦ Danach den Ofen ausschalten, Brot aber im Ofen stehen lassen und in der Nachwärme noch einmal 10 bis 15 Min. backen.

Zutaten:
550 g Vollkornroggenmehl
200 g Vollkornweizenmehl
100 g Sauerteig *(siehe S. 17)*
300 ml Wasser
200 ml Buttermilch
20 g Hefe
20 g Salz
1/2 TL gem. Kümmel od. Koriander

Teigmenge: ca. 1 397 g

Tipp: Das Brot schmeckt besser – und wird länger feucht gehalten – wenn Sie vor dem Backen eine hitzebeständige Schale mit ca. 0,5 l kaltem Wasser in den Ofen auf das Unterblech stellen.

Kräftiges Bauernbrot

Zutaten:

a) Sauerteigansatz:

250 g Dinkelmehl
250 g Weizenvollkornmehl
100 g Roggen-Backschrot
250 g Sauerteig *(siehe S. 17)*
500 ml handw. Wasser

b) Brotteig:

500 ml handw. Wasser
1 000 g Roggenmehl
30 g Salz
2 EL Leinsamen
3 EL Sonnenblumenkerne
etwas Fett für die Form

Teigmenge: ca. 2 950 g

Hilfsmittel:
- große Rührschüssel
- Kastenform

Zubereitung:

a) Sauerteigansatz:

① Vor dem Backtag: Alle Zutaten in einer Schüssel zu einem Teig verrühren.
② Den Teig abgedeckt an einem warmen Ort 10 bis 12 Std. gehen lassen.

b) Brotteig:

① Zum fertigen Ansatz die übrigen Zutaten geben und vermischen.
② Aus der Teigmenge einen Brotteig kneten.
③ 250 g Teig aus der Schüssel entnehmen. Diesen Teig in einem Behälter für das nächste Backen kühl aufbewahren.
④ Den Rest des Teiges in eine gefettete Kastenform geben.
⑤ Die Form abdecken und an einem warmen Ort 6 Std. gehen lassen.
⑥ Das Brot in den vorgeheizten Backofen schieben. Eine Tasse Wasser dazustellen.

Backzeit: 2 Std.
Hitze: 170 °C bis 180 °C

Hinweis: Backschrot sind gequetschte Getreidekörner (z.B. aus Roggen). Man bekommt ihn beim Müller, im Ökoladen und im Supermarkt.

Landbrot

Zutaten:

a) Teig:

125 g Weizenvollkornschrot (Type 1700)
125 g Weizenmehl (Type 1050)
250 g Roggenmehl (Type 1150)
1 P. Sauerteigextrakt
1 P. Trockenhefe
250 ml handw. Wasser
20 g Salz
etwas Fett für das Blech

Teigmenge: ca. 785 g

Zubereitung:

① Entsprechend der Packungsvorschrift „Sauerteigextrakt" einen Brotteig zubereiten und verkneten.
② Den Teig abdecken und bei Raumtemperatur gehen lassen, bis er sich sichtbar vergrößert hat.
③ Danach den Teig mit etwas Mehl bestreuen, aus der Schüssel nehmen und erneut gut durchkneten.
④ Aus dem Teig ein rundes Brot formen.
⑤ Das Brot auf ein gefettetes Backblech setzen.
⑥ Die obere Seite des Teiges kreuzweise etwa 1 cm tief einschneiden.

⑦ Den Teig nochmals an einem warmen Ort gehen lassen, bis er sich sichtbar vergrößert hat.
⑧ Den Teig mit etwas Wasser bestreichen, anschließend mit Weizenmehl bestäuben und in den Backofen schieben.

Backzeit: 50 Min.
Hitze: 200 °C

weitere Zutaten:
b) Kruste:
etwas Wasser
etwas Weizenmehl

Hilfsmittel:
• große Rührschüssel
• Backblech

Roggen-Schwarzbrot

Zubereitung:

a) Sauerteigansatz:
① Alle Zutaten für den Ansatz mit dem warmen Wasser vermischen.
② Den Ansatz 12 Std. (z.B. über Nacht) zugedeckt an einem warmen Ort gehen lassen.

b) Brotteig:
① Am Backtag: Die Hefe, den mittleren Roggenschrot und das Wasser zu dem fertigen Sauerteig geben.
② Alle Zutaten kräftig durchkneten.
③ Den Brotteig 1 Std. abgedeckt an einem warmen Ort gehen lassen.
④ Dann den Teig in eine gefettete Kastenform füllen.
⑤ Danach den Teig noch einmal 30 Min. gehen lassen.
⑥ Anschließend den Teig mit Wasser bestreichen und im vorgeheizten Ofen (200 °C) backen.

Backzeit: 2 1/2 Std.
Hitze: 200 °C

⑦ Das Brot nach dem Backen mit Wasser bestreichen und 1 bis 2 Tage ruhen lassen.

Zutaten:
a) Sauerteigansatz:
900 g mittlerer Roggenschrot
770 g grober Roggenschrot
80 g Sauerteig
75 g Rübensirup
750 ml handw. Wasser
40 g Salz

b) Brotteig:
40 g Hefe
410 g mittlerer Roggenschrot
250 ml handw. Wasser
etwas Fett für die Form

Teigmenge: ca. 3 315 g

Hilfsmittel:
• Kastenform (35 cm lang)
• Backpinsel

Roggen-Bauernbrot

mit Sonnenblumenkernen und Leinsamen

Zutaten:

50 g Sauerteig *(siehe S. 17)*
700 g Roggenmehl (Type 1150)
700 ml Wasser
1 W. Hefe
300 g Weizenmehl (Type 1050)
125 g Sonnenblumenkerne
75 g Leinsamen
20 g Salz
etwas Fett für die Form

Teigmenge: ca. 2 010 g

Zubereitung:

① Am Abend vor dem Backtag: Den Sauerteigansatz mit 150 g Roggenmehl und 250 ml handw. Wasser gut vermischen, abdecken und ca. 12 Std. ruhen lassen.
② Am Backtag: Die aufgelöste Hefe mit den restlichen Zutaten zum ausgereiften Sauerteig geben und alles zu einem Brotteig verkneten.
③ Den Brotteig 2 Std. ruhen lassen.
④ Etwa eine Handvoll Teig (50 g) vom Brotteig abnehmen und als Sauerteigansatz für das nächste Backen im Kühlschrank gut abgedeckt aufbewahren.
⑤ Den Brotteig in eine gefettete Kastenform geben und erneut 20 Min. ruhen lassen.
⑥ Die Oberseite des Teiges mit einem scharfen Messer einritzen.
⑦ Das Brot im vorgeheizten Backofen 30 Min. bei 250 °C anbacken.
⑧ Danach den Ofen auf 180 °C zurückdrehen und weitere 30 Min. fertig backen.

Roggenbrot

Zutaten:

200 g Sauerteig *(siehe S. 17)*
200 g Weizenmehl (Type 550)
3 l heißes Wasser (45 °C)
800 g Sonnenblumenkerne
1 000 g gequetschter Roggen (Type 1800)
50 g Salz
70 g Hefe
6 000 g Roggenmehl (Type 997)
etwas Fett für die Form

Teigmenge: ca. 11 300 g

Zubereitung:

① Den Sauerteig, das Weizenmehl und 0,75 l heißes Wasser in einer großen Schüssel verrühren und zu einem Teig ansetzen.
② Den Teigansatz anschließend 7 Std. gehen lassen.
③ Danach die Sonnenblumenkerne, den gequetschten Roggen, das Salz, die Hefe, das Roggenmehl und 2,25 l heißes Wasser zum Teigansatz geben und alles auskneten.
④ Die Teigmasse in eine ausgefettete Schwarzblech-Form füllen und den Teig darin noch einmal 60 Min. gehen lassen.

⑤ Den E-Herd auf 200 °C vorheizen und beide Brote backen.

Backzeit: 90 Min.
Hitze: 200 °C

Tipp: Nach dem Backen das Brot in Scheiben schneiden und je nach Bedarf kleine Gefrierpäckchen (6 bis 8 Scheiben) zum Einfrieren vorbereiten.

Roggenbrot
mit Kürbiskernen

Zutaten:
750 g fein gem. Roggen
2 P. Trockenbackhefe
2 P. Sauerteigextrakt
600 ml handw. Wasser
2 TL Honig
15 g Salz
1 gestr. EL gem. Kümmel
150 g Kürbiskerne
etwas Fett für das Blech

Teigmenge: ca. 1 580 g

Zubereitung:

a) Brotteig:

① Den Roggen mit der Hefe und dem Sauerteigextrakt sorgfältig vermischen.
② Die restlichen Zutaten dazugeben und mit dem Knethaken 5 Min. zu einem glatten Teig verrühren.
③ Die Kürbiskerne zuletzt unter den Teig kneten.
④ Diesen Teig an einem warmen Ort so lange gehen lassen, bis er sich verdoppelt hat.
⑤ Danach den Teig nochmals gut durchkneten.
⑥ Aus dem Teig einen länglichen, ovalen Brotlaib formen und auf ein gefettetes Backblech setzen.
⑦ Anschließend den Laib mit einem Tuch abdecken und an einem warmen Ort gehen lassen. Der Laib muss sich sichtbar vergrößern.
⑧ Nach dem Aufgehen den Laib mit Wasser bestreichen.

b) Backen:

① Das Brot in den vorgeheizten Ofen (200 °C) schieben. Eine Tasse Wasser dazustellen.
② Zuerst das Brot 10 Min. bei 250 °C anbacken.
③ Danach 45 Min. bei 200 °C fertig backen.
④ Nach dem Backen das fertige Brot mit dem heißem Wasser aus der Tasse bestreichen.
⑤ Im ausgeschalteten Backofen das Brot 5 bis 10 Min. stehen lassen.

Tipp: Bitte nur geschälte Kürbiskerne unter den Teig kneten.

Hilfsmittel:
- Rührgerät oder
- Küchenmaschine mit Knethaken
- Backblech

Roggenmischbrot

Zubereitung:

Vorarbeiten:

Den Roggen und den Weizen grob mahlen.

a) Sauerteigansatz:

① Den gem. Roggen mit dem Sauerteig, dem Salz und dem Wasser gründlich vermengen.

② Den Ansatz 6 Std., am besten über Nacht, an einem warmen Ort gehen lassen.

b) Brotteig:

① Zum fertigen Ansatz den gem. Weizen und die übrigen Zutaten geben und alles gut verkneten.

② Den Brotteig 1 Std. gehen lassen.

③ Eine Kastenform ausfetten.

④ Den Teig in die Kastenform füllen.

⑤ Die Form in den vorgeheizten Ofen schieben und backen.

Backzeit: 60 Min.
Hitze: 200 °C

Zutaten:

a) Sauerteigansatz:

500 g Roggen
150 g Sauerteig *(siehe S. 17)*
20 g Salz
750 ml Wasser

b) Brotteig:

500 g Weizen
100 g geschälte Sonnenblumenkerne
50 g Leinsamen
1 EL gem. Kümmel
1 EL gem. Koriander
1 W. Hefe
etwas Fett für die Form

Teigmenge: ca. 2 110 g

Roggenmischbrot
mit ganzen Körnern

Zubereitung:

a) Sauerteigansatz:

① Das Roggenmehl in eine Schüssel geben und eine Mehlmulde bilden.

② In die Mulde den Sauerteig und das Wasser geben.

③ Vom Schüsselrand langsam ehl in die Mulde einarbeiten und alles verkneten.

④ Den Ansatz 4 Std. an einem warmen Ort gehen lassen.

b) Brotteig – Vorarbeiten:

① Die 6-Korn-Getreidemischung mit 0,5 l heißem Wasser übergießen.
② Das Getreide 4 Std. ausquellen lassen.
③ Das Getreide durch ein Sieb gießen (Quellwasser aufbewahren).

c) Brotteig:

① Wenn sich der Sauerteig verdoppelt hat Salz, Hefe, das Weizenmehl und 0, 5 l handw. Wasser in den Teig geben und alles verkneten.
② Dann die eingeweichten Körner untermischen. Der Teig sollte nicht zu fest werden: Bei Bedarf vorsichtig etwas von dem Quellwasser zugeben.
③ Zum Schluss auch die Sonnenblumenkerne untermengen.
④ Den verkneteten Teig abgedeckt 45 Min. gehen lassen.
⑤ Zwei Kastenformen einfetten, den Teig teilen und in die Formen füllen.
⑥ Die Brote in den Formen erneut gehen lassen.
⑦ Danach die Brote schräg einschneiden und mit warmem Wasser bestreichen.

d) Backen:

① Den Ofen auf 220 °C vorheizen und eine halbe Tasse Wasser dazustellen.
② Die Formen in den Ofen schieben (untere Schiene).
③ Zuerst die Brote 20 Min. bei 220 °C backen.
④ Dann 70 Min. bei 180 bis 190 °C.
⑤ Nach 60 Min. gesamter Backzeit die Brote erneut mit Wasser bestreichen.
⑥ Das Brot ist gar, wenn die Unterseite beim Beklopfen hohl klingt.

Hinweis: Die 6-Korn-Getreidemischung ist in Bioläden und in Supermärkten erhältlich. Alternativ eignet sich auch diese Mischung: 100 g grober Roggenschrot und je 50 g grober Weizenschrot, Gerstenschrot, Maisgries, Hirse, Buchweizengrütze und Haferflocken.

Zutaten:

a) Sauerteigansatz:
1 000 g Roggenmehl (Type 1150)
400 g Sauerteig *(siehe S. 17)*
1 l handw. Wasser

b) Brotteig:
400 g 6-Korn-Getreidemischung
1 l Wasser
40 g Salz
1 W. Hefe
1 000 g Weizenmehl (Type 1050)
100 g Sonnenblumenkerne
etwas Fett für die Form

Teigmenge: ca. 4 980 g

Hilfsmittel:
- große Rührschüssel
- zwei Kastenformen

„Unsere Gäste hier im Bauerncafé sind begeistert von dem Brot. Es schmeckt und fördert die Verdauung."

Hilfsmittel:
- zwei Kastenformen

Roggen-Vollkornbrot

Zubereitung:

a) Sauerteigansatz:

① Vor dem Backtag: Aus dem Roggenmehl eine Mehlmulde in einer Schüssel vorbereiten.
② In diese Mulde den Sauerteig und das Wasser geben.
③ Mit der Hand langsam vom Rand her Mehl in die Mulde einarbeiten.
④ Schrittweise weitere kleine Mehlportionen untermischen, bis eine feste Teigpaste entsteht.
⑤ Alles abdecken und 12 Std. warm stellen.

b) Vorteig:

① Den Vorteig ebenfalls vor dem Backtag herstellen.
② Dafür das Roggen- und Weizenvollkornmehl mit dem Roggenmehl zu einer Mehlmischung vermengen.
③ Ca. 3/4 der Mehlmischung in eine große Schüssel geben (Rest des Mehles für den Brotteig aufbewahren).
④ In die Mehlmischung eine Mulde formen.
⑤ In die Mehlmulde 240 g vom Sauerteigansatz und 1,35 l handw. Wasser geben und einen Teil des Mehles in der Mulde zu einem dicken Brei verrühren.
⑥ In einer extra Schüssel die 200 g Roggenkörner, den „grob geschnittenen" Roggen und die Körnermischung mit 1,35 l kochendem Wasser übergießen und abgedeckt ca. 12 Std. stehen lassen.

c) Brotteig:

① Am Backtag: Zunächst die Hefe mit 1 TL Zucker und 100 ml handw. Wasser vermengen und alles 10 Min. ruhen lassen.
② Die eingeweichten Körner, den Vorteig, den Sauerteig, das Salz, das restliche Viertel der Mehlmischung und die aufgelöste Hefe gut verrühren und verkneten.
③ Den Brotteig zugedeckt an einem warmen Ort 30 Min. gehen lassen.
④ Zwei Brotlaibe formen und mit etwas Wasser bestreichen.
⑤ Die Brotlaibe in die Hand nehmen und die Oberseiten vorsichtig in eine 50 bis 100 g Körnermischung eindrücken.
⑥ Die Brote in gefettete Backformen (Kastenform) geben und in den Backofen schieben.

Backzeit: 60 Min.
Hitze: 190 °C (Heißluft)

⑦ Anschließend die Brote aus den Formen nehmen und auf einem Holzbrett auskühlen lassen.

Zutaten:

a) Sauerteigansatz:
625 g Roggenmehl (Type 1150)
100 g Sauerteig *(siehe S. 17)*
675 ml handw. Wasser

b) Vorteig:
1 200 g Roggenvollkornmehl
330 g Weizenvollkornmehl
540 g Roggenmehl (Type 1150)
2,7 l Wasser
200 g Roggenkörner
570 g Roggen („grob geschnitten")
200 g Körnermischung (Sesam, Leinsamen, Sonnenblumenkerne)

c) Brotteig:
10 g backtriebstarke Trockenbackhefe
1 TL Zucker
100 ml handw. Wasser
240 g Sauerteig
50 g Salz
etwas Fett für die Form

d) Kruste:
etwas Wasser
50 – 100 g Körnermischung

Teigmenge: ca. 7 660 g

Tipp: »Grob geschnittenen« Roggen gibt es in der Mühle beim Müller. Wenn keine Mühle in der Nähe ist, kann als Ersatz auch Roggenschrot verwendet werden.

Tipp: Dieses Brot sollte unbedingt in einer Kastenform gebacken werden!

64

Schaumburger Vollkornbrot

Zubereitung:

a) Vorteig:

① Das Roggenmehl mit dem Sauerteig, dem Backferment und dem warmen Wasser gut verrühren.

② Den Vorteig mindestens 8 Std. – am besten über Nacht – gehen lassen.

③ Am nächsten Morgen 2 EL vom Vorteig abnehmen und in einem verschlossenen Schraubglas im Kühlschrank aufbewahren.

Tipp: Ansatz ist bis zu drei Wochen haltbar.

b) Brotteig:

① Das frisch gemahlene Getreide und alle anderen Zutaten mit dem Vorteig vermischen und in einer großen Küchenmaschine mit starkem Knetwerk auskneten.

② Eine große Kastenform mit Fett einstreichen und den Teig einfüllen. Die Form sollte zur Hälfte mit dem Teig gefüllt sein.

③ Die Teigoberfläche mit Wasser glätten und kreuzweise einschneiden.

④ Die Brotform auf die unterste Schiene des Backofens (E-Herd) stellen. Ofen einschalten und den Teig bei 50 °C ca. 1 1/2 bis 2 Std. gehen lassen.

⑤ Wenn das Brot bis zum Rand der Kastenform aufgegangen ist, den Backofen auf 200 °C stellen und das Brot 1 1/2 Std. durchbacken.

⑥ Nach dem Backen das Brot sofort aus der Form nehmen und auf einem Gitter auskühlen lassen.

Tipp: Wer keine Möglichkeiten zum Ausmahlen des Roggens hat, kann auch fertiges Roggenvollkornmehl kaufen.

Zutaten:

a) Vorteig:

350 g Roggenmehl (Type 1150)
50 g Sauerteig *(siehe S. 17)*
1/2 TL Backferment
350 ml handw. Wasser

b) Brotteig:

450 g fein gem. Roggen
100 g fein gem. Weizen
450 ml handw. Wasser
50 g Sonnenblumenkerne
50 g Kürbiskerne
50 g Leinsamen
20 g Salz
etwas Fett für die Form

Teigmenge: ca. 1 925 g

Schwarzbrot

Schwarzbrot

Zubereitung:

a) Sauerteigansatz (drei Stufen):

① Stufe 1: 100 g Roggenmehl und 100 ml Wasser in einer Schüssel verrühren.
② Den Ansatz 48 Std. abgedeckt bei Raumtemperatur gehen lassen.
③ Stufe 2: In den Ansatz 100 g Roggenmehl und 100 ml Wasser dazu geben und verrühren.
④ Den Ansatz 24 Std. wie in Stufe 1 gehen lassen.
⑤ Stufe 3: In den Ansatz 200 g Roggenmehl und 200 ml Wasser rühren.
⑥ Den Ansatz noch einmal 24 Std. wie in Stufe 1 gehen lassen.

b) Brotteig-Vorarbeiten:

① Den grob gemahlenen Roggenschrot mit 750 ml kochendem Wasser übergießen.
② Die Schrot-Wasser-Mischung ca. 6 Std. einweichen lassen.

c) Brotteig:

① Die Hefe mit 100 ml lauwarmem Wasser mischen und 15 Min. ruhen lassen.
② Anschließend 500 g Sauerteig, den eingeweichten Schrot und alle restlichen Zutaten zu einem Brotteig verkneten.
③ Den Brotteig teilen und in eine große oder zwei kleine gefettete Backform(en) füllen.
④ Die Brote in den Formen noch einmal 30 Min. gehen lassen.
⑤ Danach die Brote im vorgeheizten Backofen (170 °C) backen.

Backzeit: 100 Min.
Hitze: 170 °C (mittlere Schiene)

⑥ Nach dem Backen die Brote auf einem Gitterrost auskühlen lassen.

Hilfsmittel:
- große Rührschüssel
- Küchenmaschine mit Knethaken
- eine bis zwei Kastenformen

Zutaten:

a) Sauerteigansatz:
400 g Roggenmehl (Type 1150)
400 ml handw. Wasser

b) Brotteig:
750 g grob gem. Roggenschrot
850 ml Wasser
40 g Hefe
500 g Sauerteig
250 g fein gem. Roggenschrot
30 g Salz
90 g Rübensirup
etwas Fett für die Form(en)

Teigmenge: ca. 3 340 g

Schweres Bauernbrot

Zutaten:

a) Sauerteigansatz:

1 500 g Roggenmehl
200 g Sauerteig *(siehe S. 17)*
1 1/2 l handw. Wasser

b) Brotteig:

1,2 l handw. Wasser
4 W. Hefe
1 200 g Roggenschrot
1 400 g Dinkelmehl
4 EL Sonnenblumenkerne
4 EL Kürbiskerne
4 EL Sesam
4 EL Leinsamen
4 EL grobe Haferflocken
70 g Salz

Teigmenge: ca. 7 550 g

Tipp: Die Brote erst abbacken, wenn sie gut aufgegangen sind.

Zubereitung:

a) Sauerteigansatz:

① Am Vortag des Backtages: Alle Zutaten für den Ansatz gut vermischen.
② Den Ansatz 12 Std. an einem warmen Ort gehen lassen.

b) Brotteig:

① Am Backtag: Vom fertigen Sauerteigansatz 200 g abnehmen und im Kühlschrank für das nächste Backen aufbewahren.
② Das Wasser für den Brotteig in eine große Schüssel geben.
③ Darin die Hefewürfel auflösen.
④ Den Sauerteigansatz und alle anderen Zutaten in die Schüssel geben, vermischen und zu einem Teig kneten.
⑤ Zwei große Kastenformen mit Backpapier auskleiden.
⑥ Den Brotteig halbieren und in die Formen geben.
⑦ Den Backofen auf 50 °C vorheizen und die Formen zum Teiggehen hineinstellen (untere Schiene, ca. 30 Min.).
⑧ Danach die Brote abbacken;

Backzeit: 100 Min.
Hitze: 200 °C

⑨ Anschließend die Brote aus den Formen nehmen und von allen Seiten mit Wasser bestreichen.
⑩ Das Brot auf einem Gitterrost auskühlen lassen.

Hilfsmittel:
• große Rührschüssel • 2 Kastenformen • Backpapier • Pinsel

Vollkornbrot

aus Roggen, Weizen und Dinkel

Zutaten:

a) Sauerteigansatz:

800 g Roggen
100 g Dinkel
100 g Weizen
175 g Sauerteig *(siehe S. 17)*
850 ml handw. Wasser

Zubereitung:

a) Sauerteigansatz:

① Das Getreide für den Ansatz fein mahlen.
② Dieses Getreide mit den übrigen Zutaten in einer Schüssel gut mischen.
③ Den Ansatz zugedeckt, an einem warmen Ort, 8 bis 10 Std. (ideal über Nacht) gehen lassen.

b) Getreide einweichen:

① Das Getreide mittelgrob mahlen.
② Das gem. Getreide und alle weiteren Zutaten mit heißem Wasser verrühren.

③ Das Getreide mindestens 4 Std. einweichen lassen (kann zeitgleich mit dem Ansetzen des Sauerteiges erfolgen)

c) Brotteig:

① Zum ausgereiften Sauerteig 700 ml Wasser hinzugeben und verrühren.
② 175 g von diesem Teig als Sauerteigmischung für das nächste Backen abnehmen. Die abgenommene Menge zugedeckt im Kühlschrank lagern.
③ Dann den Zucker und die Hefe in 150 ml Wasser auflösen und zu dem eingeweichten Getreide geben.
④ Diese Mischung mit dem Sauerteig, dem Weizen, dem Dinkel und dem Salz zu einem Brotteig verrühren.
⑤ Den Brotteig nicht kneten, sondern nur rühren. Es muss ein geschmeidiger, nicht zu weicher Teig entstehen. Wenn der Teig zu weich wird, einige Haferflocken hinzugeben.
⑥ Zwei Kastenformen mit Öl einfetten und den Teig einfüllen.
⑦ Den Teig glatt streichen und mit einer Gabel mehrmals bis auf den Teigboden stechen.
⑧ Beide Formen zugedeckt an einem warmen Ort gehen lassen, so lange bis sich der Teig vergrößert hat.

c) Backen:

① Den Ofen auf 200 °C vorheizen.
② Auf das Unterblech eine feuerfeste Form mit heißem Wasser stellen.

Backzeit: 90 Min.
Hitze: 200 °C

③ Auf einem Rost das Brot auskühlen lassen.

Variation:

Zwiebelbrot

Auch Zwiebelbrot lässt sich aus dem Brotteig herstellen:

① 2 dicke Zwiebeln schälen, würfeln, anbraten und mit Salz und Pfeffer würzen.
② Die gebratenen Zwiebeln mit dem feinen Weizenmehl mischen und kalt werden lassen.
③ Den fertigen Brotteig in zwei Hälften teilen und die Zwiebeln zu dem Teig für ein Brot geben.
④ Alles gut verrühren und angehen lassen.
⑤ Anschließend backen, wie im Rezept beschrieben.

Hinweis: Die Wassermengen zum Getreide einweichen und zum Sauerteig sind vorsichtig zu dosieren. Wird das Mehl nicht selbst gemahlen jeweils ein Drittel weniger Wasser nehmen, sonst wird der Teig zu flüssig.

weitere Zutaten:

b) Getreide einweichen:
100 g Haferkleie
100 g Dinkel
100 g 9-Körner-Mischung (z.B. Roggen, Weizen, Gerste etc.)
150 g Roggen
150 g Weizen
600 ml Wasser

c) Brotteig:
850 ml handw. Wasser
1/2 TL Zucker
1 W. Hefe
600 g Weizen
200 g Dinkel
50 g Salz
ggf. Haferflocken
etwas Sonnenblumenöl für die Formen

Teigmenge: ca. 4 995 g

Hilfsmittel:
- zwei Kastenformen

Zutaten für Variante:
2 große Zwiebeln
etwas Bratfett
1 Pr. Salz
1 Pr. Pfeffer
60 g feines Weizenmehl

Westhoyeler Mühlen-Vollkornbrot

Westhoyeler Mühlen-Vollkornbrot

Zutaten:

a) Sauerteigansatz:
200 g Weizen
600 g Roggen
1 P. Sauerteigextrakt
850 ml Wasser

b) Brotteig:
200 g Weizen
600 g Roggen
225 g Zuckerrübensirup
30 g Salz
500 ml handw. Wasser
250 g Sonnenblumenkerne
etwas Fett für die Form(en)

c) Kruste:
einige Haferflocken od. etwas Weizenkleie zum Ausstreuen

Teigmenge: ca. 3 465 g

Zubereitung:

a) Sauerteigansatz:

① Die Weizen- und Roggenkörner fein schroten.
② Das Sauerteigextrakt untermischen.
③ Das kalte Wasser zugeben und alles gut verrühren.
④ Den Sauerteig über Nacht stehen lassen.

b) Brotteig:

① Am Backtag: Die Weizen- und Roggenkörner grob schroten.
② Das geschrotete Korn, den Sirup, das Salz, das heiße Wasser und die Sonnenblumenkerne zum fertigen Sauerteigansatz geben.
③ Alles gut vermischen und 4 Std. an einem warmen Ort stehen lassen.
④ In der Zwischenzeit die Brotbackform(en) ausfetten und mit Haferflocken oder Weizenkleie ausstreuen.
⑤ Den Backofen auf 180 °C (Ober- und Unterhitze) vorheizen.
⑥ Den Teig in die Formen füllen und backen.

Backzeit: 2 bis 2,5 Std.
Hitze: 180 °C

⑦ Das Brot vor dem Anschnitt mindestens einen Tag ausreifen lassen.

Hilfsmittel:
- zwei Kastenformen

Weizen- und Weizenmischbrote

Die Beliebten:

Helle Weizenbrote bestehen bis zu 90 Prozent aus Weizenmehl, dem Wasser, Backhefe, Zucker oder Milchprodukte zugesetzt werden. Sie sind vor allem zum Frühstück sehr beliebt, werden zu Salaten gereicht und passen hervorragend zu Wein und Käse. Weizenmischbrote reichen vom kernigen Bauernbrot bis zum milden Weizenbrot und sind die in Deutschland meistgekauften Brotsorten.

Annis Brot

Zutaten:

a) Vorteig:

135 g Weizenschrot
135 g Dinkelschrot
135 g Roggenschrot
400 ml Wasser
1 EL Sauerteig-Grundansatz
1 geh. TL Backferment

Zubereitung:

a) Vorteig:

① Alle Zutaten für den Vorteig in einer Schüssel gut verrühren.
② Die Schüssel mit einem feuchten Tuch und mit Alufolie abdecken.
③ Den Vorteig mindestens 15 Std. bei warmer Raumtemperatur abgedeckt gehen lassen.

b) Brotteig:

① Den fertigen Vorteig mit den restlichen Zutaten vermengen und zu einem Teig verkneten.
② Den Teig in eine gefettete Kastenform bis zur Hälfte einfüllen, abdecken und 4 Std. ruhen lassen (der Teig muss sich verdoppelt haben).
③ Das Brot in den vorgeheizten Backofen (Umluft) schieben.
④ Zunächst 15 Min. bei 220 °C backen.
⑤ Danach 45 Min. bei 190 °C fertig backen.

Tipp: Das Brot kann auch im Holzbackofen gebacken werden (Backzeit: 60 Min., Hitze: 280 °C). Da im Holzbackofen mit einer höheren Ausgangshitze gebacken wird, ist das Brot mit einer Alufolie abzudecken. Die Folie wird nach 30 Min. Backzeit wieder entfernt.

Hilfsmittel:
• Geschirrtuch
• Kastenform • Alufolie

weitere Zutaten:

b) Brotteig:
200 g Weizenschrot
200 g Dinkelschrot
200 g Roggenschrot
100 g Sonnenblumenkerne
25 g Salz
2 EL Sesam
2 EL Leinsamen
440 ml Wasser
etwas Fett für die Form

Teigmenge: ca. 2 090 g

Bauernweißbrot

mit Joghurt

Zubereitung:

① Alle Zutaten in eine Rührmaschine geben und mit dem Knethaken verkneten.
② Den Teig in eine gefettete Kastenform füllen.
③ Danach den Brotteig in der Form 30 Min. gehen lassen.
④ Anschließend das Brot in den vorgeheizten Ofen schieben und backen.

Backzeit: 60 Min.
Hitze: 200 °C

⑤ Nach dem Backen das Brot aus der Form stürzen und auf einem Rost zum Auskühlen legen.

Zutaten:
550 g Weizenmehl
100 g Dinkelmehl
150 g Magermilchjoghurt
250 ml handw. Wasser
3 EL Sesamkörner
1 EL Öl
15 g Salz
1 TL Honig
1 W. Hefe
etwas Fett für die Form

Teigmenge: ca. 1 195 g

Tipp: Der Teig muss zum Kneten weich sein. Wenn er zu trocken wird, geben Sie teelöffelweise Wasser zu.

Hilfsmittel:
• Rührmaschine mit Knethaken
• Kastenform (10 × 25 cm)

Bullerbeeks Mehrkornbrot

Zubereitung:

a) Vorteig:

① Am Abend vor dem Backtag: Alle Zutaten für den Vorteig in einer Backschüssel verrühren.
② Die Zutaten über Nacht quellen lassen.

b) Brotteig:

① In 230 ml handw. Wasser die Frischhefe auflösen und in die Backschüssel mit dem Vorteig geben.
② Alle restlichen Zutaten zu dem Hefe-Vorteig-Gemisch geben und 20 Min. verkneten, bis der Teig nicht mehr klebt. Je nach Bedarf etwas Weizenmehl zufügen.

③ Ein längliches Brot formen.
④ Einen ovalen Brotkorb (Stroh- oder Weidenkorb) mit einem sauberen Geschirrtuch auslegen und das Tuch bemehlen.
⑤ Die Brotunterseite zuerst in den Korb legen, sodass die Oberseite des Brotes nach oben zeigt.
⑥ Das Brot im Korb mindestens 20 Min. gehen lassen; es muss sich sichtbar vergrößern.
⑦ In der Zwischenzeit das Backblech fetten und den Ofen auf 250 °C vorheizen.

c) Dekoration und Backen:
① Das Brot aus dem Korb auf das gefettete Blech stürzen und den Brotlaib mit Wasser einstreichen.
② Den Brotlaib mit Leinsamen, Sonnenblumenkernen und dem groben Schrot bestreuen.
③ Die Brotoberseite dreimal schräg einschneiden.
④ Das Brot zunächst 15 bis 20 Min. bei 250 °C backen bis die Oberfläche goldbraun ist.
⑤ Die Temperatur des Ofens auf 160 °C reduzieren und das Brot 30 bis 40 Min. fertig backen.
⑥ Klopfprobe: Wenn das Brot gar ist, klingt es beim Klopfen gegen den Brotlaib hohl.
⑦ Das Brot auf einem Gitternetz abkühlen lassen.

Tipp: Anstelle des Vorteiges können auch 300 g Sauerteigansatz aus dem Brotrezept »Bullerbeeks Roggenvollkornbrot« (S. 32) verwendet werden. Bei Verwendung dieses Sauerteiges entfallen die Zutaten und Arbeitsschritte zum Vorteig.

Zutaten:

a) Vorteig:
160 g grob gem. Roggenschrot
130 ml handw. Wasser
2 EL Essig

b) Brotteig:
230 ml handw. Wasser
70 g frische Hefe
450 g Weizenmehl (Type 550)
150 g Roggenmehl (Type 997)
15 g Salz
1/2 TL gem. Kümmel
2 EL Leinsamenkörner
4 EL Sonnenblumenkerne
etwas Fett für das Blech

c) Dekoration:
etwas Wasser
einige Sonnenblumenkerne
etwas Leinsamen
etwas grobes Schrot

Teigmenge: ca. 1 347 g

22

Dinkelbrot

Zubereitung:

① Alle Zutaten in eine Küchenmaschine geben und gut verkneten.
② Den langgeformten Teig in einen Brotkorb legen und ca. 30 bis 45 Min. gehen lassen.
③ In der Zwischenzeit ein Ofenblech mit Öl einfetten.
④ Dann den Teig aus dem Brotkorb auf das Ofenblech stürzen.
⑤ Das Blech mit dem Brot in den Ofen schieben und backen.

Backzeit: 60 Min.
Hitze: 180 °C

Zutaten:
500 g Dinkelvollkornmehl
350 g Weizenmehl (Type 405)
1 W. Hefe
1 EL Rübensirup
500 ml. handw. Wasser
20 g Salz
etwas Speiseöl für das Blech

Teigmenge: ca. 1 475 g

Hilfsmittel:
- Küchenmaschine mit Knethaken.
- Ofen- oder Kuchenblech
- Brotkorb

Tipp: Wenn Sie das Brot in den Brotkorb geben, reiben Sie vorher Ihre Hände mit Mehl ein. So erhalten Sie ein bemehltes Brot mit schönen Korbstreifen.

Dinkel-Vollkornbrot

Zubereitung:

a) Sauerteigansatz:

① 100 g Dinkelschrot, 100 g Weizenmehl (Type 550) und 250 ml warmes Wasser in einer Schüssel gut verrühren, abdecken und an einem warmen Ort 12 Std. stehen lassen.

② Anschließend 150 ml warmes Wasser, 150 g Dinkelschrot und 150 g Weizenmehl zugeben, wieder verrühren und nochmals 5 bis 10 Std. an einem warmen Ort stehen lassen.

③ Den fertigen Sauerteig in kleine Schraubgläser füllen und im Kühlschrank aufbewahren.

b) Brotteig:

① Hefeansatz: 20 g Hefe krümelig in eine Schale bröseln, 2 TL Zucker, 100 ml warmes Wasser zugeben und alles verrühren, solange bis die Hefe schäumt.

② 2 EL vom fertigen Sauerteig entnehmen und in 200 ml warmem Wasser auflösen.

③ 2 TL Meersalz in 250 ml handw. Wasser auflösen.

④ Das restliche Weizenmehl, den Dinkelschrot, die aufgelöste Hefe, den Sauerteig und das aufgelöste Salzwasser in einer Schüssel leicht vermischen.

⑤ Die Teigmasse anschließend mit einem Rührmixgerät langsam verrühren bis ein weicher Kloß entsteht. Wenn der Teigkloß zu fest wird, etwas Wasser dazugeben. Wird er zu weich, mit etwas Dinkelschrot nachpudern.

⑥ Anschließend den Teigkloß 1 Std., am besten unter einem feuchtwarmen Tuch, gehen lassen.

⑦ Den Backofen auf 200 °C vorheizen (Unter- und Oberhitze).

⑧ In den Backofen eine hitzebeständige, flache Schale mit 500 ml Wasser hineinstellen.

⑨ Eine längliche Brotback- oder Kuchenform (2 kg Fassungsvermögen) mit Butter einfetten.

⑩ Den fertigen Brotteig mit Dinkelschrot bepudern und noch einmal durchkneten; danach den Brotteig in die vorbereitete Form geben.

⑪ Das Brot auf der Oberseite mit einem Messer in der Breite einritzen und anschließend 10 bis 15 Min. in der Backform gehen lassen.

⑫ Die Backform auf den Mittelrost des vorgeheizten Backofens stellen und backen.

Backzeit: 50 bis 60 Min.
Hitze: 200 °C

⑬ Mit einem Holzspieß können Sie nach 50 Min. prüfen, ob das Brot im Backofen durchgebacken ist.

⑭ Nach dem Backen das Brot auf dem Rost des Backofens auskühlen lassen.

Zutaten:

a) Sauerteigansatz:
250 g Dinkelschrot
250 g Weizenmehl (Type 550)
400 ml handw. Wasser

b) Brotteig:
20 g frische Hefe
2 TL Zucker
550 ml handw. Wasser
20 g gekörntes Meersalz
150 g Weizenmehl (Type 550)
450 g Dinkelschrot
2 EL Sauerteig
500 ml Wasser
etwas Fett für die Form

c) Kruste:
etwas Dinkelschrotpuder

Teigmenge: ca. 2 245 g

Tipp: Das Brot ist fertig, wenn man gegen den gebackenen Brotkörper klopft und es hohl klingt. Wenn nicht, sollte das Brot in der Form 10 bis 15 Min. nachgebacken werden.

67

Fladenbrot

Zutaten:
a) Teig:
500 g Weizenmehl (Type 550)
1 P. Trockenhefe
15 g Salz
1 TL Zucker
250 ml Wasser
100 ml Olivenöl

b) Kruste:
etwas Wasser
50 g Sesam

Teigmenge: ca. 927 g

Zubereitung:
a) Hefeteig:
① Alle Zutaten bis auf Wasser und Öl in die Knetschale einer Küchenmaschine geben und vermischen.
② Warmes Wasser und das Öl hinzufügen und alles verkneten.
③ Den Hefeteig an einem warmen Ort 45 Min. gehen lassen.
④ Danach den Teig noch einmal durchkneten und zwei Teigkugeln formen.
⑤ Auf einer bemehlten Arbeitsfläche die Kugeln zu 1 cm dicken Teigkreisen ausrollen.

b) Backen:

① Ein Backblech mit Backpapier auslegen.
② Die Fladen auf das Backblech setzen und 15 Min. gehen lassen.
③ Danach die Fladen mit Wasser bepinseln, mit einer Gabel mehrmals einstechen und mit Sesam bestreuen.
④ Anschließend die Fladen im vorgeheizten Ofen (250 °C) backen.

Backzeit: 15 bis 20 Min.
Hitze: 250 °C (mittlere Schiene)

Tipp: Der Teig ist erst dann gut durchgeknetet, wenn er glänzt und sich vom Schüsselrand lösen lässt.

Frühstücksbrot

Ein schnell zubereitetes Brot

Zubereitung:

① Alle Zutaten in einer großen Schüssel verrühren und zu einem Teig verkneten.
② Den Teig in eine gefettete Kastenform geben.
③ Das Brot in den Ofen schieben und backen.

Backzeit: 60 Min.
Hitze: 225 °C

Zutaten:
500 g Weizen- od. Roggenmehl
50 g Sonnenblumenkerne
50 g Leinsamen
50 g Sesam
1 EL Essig (od. 100 g Quark)
10 g Salz
1 TL Honig
500 ml Wasser
1/2 W. Hefe
etwas Fett für die Form

Teigmenge: ca. 1 340 g

Tipp: Das Frühstücksbrot schmeckt sehr gut mit Honig oder mit Marmelade.

Hilfsmittel:
- große Rührschüssel
- Kastenform

Landbrot „Schwarzwälder Art"

Landbrot »Schwarzwälder Art«

Zubereitung:

① Das Mehl in einer Schüssel mischen und eine Mehlmulde bilden.
② Die Hefe in etwas Wasser auflösen und in die Mehlmulde geben.
③ Diesen Vorteig 3 bis 4 Std. ruhen lassen.
④ Danach das Salz und das restliche Wasser zugeben und zu einem lockeren Brotteig verkneten.
⑤ Den Teig 60 bis 90 Min. ruhen lassen.
⑥ Die Teigruhe zwei- bis dreimal unterbrechen und den Teig nochmals durchkneten.
⑦ Den Teig zu einem Brotlaib formen.
⑧ Auf einem gefetteten Backblech den Teig 5 bis 10 Min. ruhen lassen.
⑨ Mit einem scharfen Messer einen kleinen Schlitz am Brotrand schneiden.
⑩ Das Brot im vorgeheizten Backofen (250 °C) 30 Min. vorbacken.
⑪ Danach das Brot 30 Min. bei 180 °C fertig backen.

Hinweis: Das Brot wird rissig oder reißt komplett auf, wenn man das Einschneiden des Schlitzes am Brotrand vergisst.

Hilfsmittel:
- Rührschüssel
- Ofen- oder Kuchenblech
- scharfes Messer

Zutaten:

1 700 g Weizenmehl (Type 1050)
300 g Roggenmehl (Type 1150)
$1\frac{1}{2}$ l handw. Wasser
1 W. Hefe
40 g Salz
etwas Fett für das Blech

Teigmenge: ca. 3 590 g

Leckeres Schwarzbrot

Zutaten:

1 l Buttermilch
2 W. Hefe
500 g Weizenmehl (Type 405)
500 g Weizenschrot
500 g Roggenschrot
125 g Leinsamen
375 ml dunkler Rübensirup
30 g Salz

Teigmenge: ca. 3 110 g

Zubereitung:

a) Vorarbeiten:

① Die Buttermilch lauwarm erhitzen und die Hefe einbröckeln.
② Alles verrühren, bis sich die Hefe aufgelöst hat.

b) Brotteig:

① In die aufgelöste Hefe die restlichen Zutaten geben und vermischen.
② Aus der Mischung einen geschmeidigen Hefeteig kneten.
③ Danach eine große oder zwei kleine Kastenformen mit Backpapier auslegen und den Teig einfüllen.
④ Auf die Kastenformen je einen doppelten Bogen Backpapier als Abdeckung legen, die Formen in den Ofen schieben und eine Tasse Wasser dazustellen.
Die Brote backen.

Backzeit: 3 Std.
Hitze: 150 bis 180 °C

⑤ Die Brote nach dem Backen 12 Std. im Ofen stehen lassen.

Hilfsmittel:
- Kastenform
- Backpapier

69

Mühlebrot

Zubereitung:

① Je 50 g von beiden Mehlsorten mit etwas Wasser und der Hefe in einer Schüssel zu einem Vorteig verrühren.
② Den Vorteig 30 Min. gehen lassen.
③ Dann alle Zutaten zu einem lockeren Teig verkneten.
④ Diesen Teig wieder 2 Std. gehen lassen.
⑤ Den Teig zu einem Brotlaib formen, in ein Brotkorb füllen und 20 Min. darin gehen lassen.
⑥ Das Brot auf ein gefettetes Backblech stürzen und in den vorgeheizten Backofen (Umlufthitze) schieben.
⑦ Zuerst 30 Min. bei 250 °C backen.
⑧ Danach 30 Min. bei 180 °C fertig backen.

Zutaten:

500 g Weizenmehl (Type 1050)
400 g Weizenmehl (Type 550)
540 ml Wasser
$^{1}/_{2}$ W. Hefe
15 g Salz
1 Pr. Kümmel
1 Pr. Brotgewürz
etwas Fett für das Blech

Teigmenge: ca. 1 477 g

Hilfsmittel:
- große Rührschüssel
- Kuchen- oder Ofenblech
- länglichen Brot- oder Gehkorb

Saatkornbrot

Saatkornbrot

27

Zubereitung:

a) Vorarbeiten:

① Die Weizenkörner in Wasser gar kochen.
② Anschließend die Körner durch ein Sieb geben und abkühlen lassen.

b) Brotteig:

① Alle Zutaten in einer Küchenmaschine 10 Min. verkneten.
② Den Teig 30 Min. gehen lassen.
③ Dann den Teig erneut 5 Min. kneten.
④ Den Teig zu einem Brotlaib formen oder in eine gefettete Kastenform füllen.
⑤ Anschließend den Teig nochmals 60 Min. gehen lassen.
⑥ Den Teig mit Wasser bepinseln und mit Haferflocken, Mohn und Hirse bestreuen.
⑦ Den Backofen auf 250 °C vorheizen. Das Brot in den Ofen schieben.
⑧ Auf das Unterblech des Ofens eine Tasse mit heißem Wasser stellen.
⑨ Nach 10 Min. den Ofen auf 200 °C zurückschalten und 40 Min. weiterbacken.
⑩ Gesamte Backzeit: 50 Min.

Zutaten:

a) Vorarbeiten:
100 g Weizenkörner
etwas Wasser

b) Brotteig:
300 g Weizenvollkornmehl
150 g Weizenmehl (Type 405)
1 P. Trockenbackhefe
1 Pr. gem. Brotbackgewürz
20 g Salz
5 EL Hefeflocken
4 EL Haferflocken
370 ml handw. Wasser
100 g Mohnkörner
etwas Fett für die Form

c) Kruste:
etwas Wasser
einige Haferflocken
etwas Mohn
etwas Hirse

Teigmenge: ca. 1 140 g

Tipp: Nach der Backzeit unbedingt eine Garprobe durchführen: Hierzu klopft man gegen den Brotlaib. Das Brot ist gar, wenn es hohl klingt.

Vollkorn-Sauerteigbrot

Zutaten

a) Teig:

500 g Weizen-Vollkornmehl
500 g Weizenschrot
250 g Roggen-Vollkornmehl
250 g Roggenschrot
20 g Sesam
20 g Leinsamen
40 g Sonnenblumenkerne
40 g Kürbiskerne
30 g Salz
1 1/2 TL Zucker
300 g Sauerteig
1 1/2 l handw. Wasser

b) Kruste:

einige Sonnenblumenkerne

Teigmenge: ca. 3 471 g

Zubereitung:

① Die verschiedenen Mehlsorten, den Sesam, den Leinsamen, die Sonnenblumen- und Kürbiskerne, das Salz und den Zucker vermischen.
② Den Sauerteig und das Wasser unterrühren, alles gut verkneten, so lange bis ein matschiger Teig entsteht.
③ Den Teig gut durchkneten.
④ Danach den Teig in eine gefettete Back- oder Auflaufform geben.
⑤ Zur Dekoration Sonnenblumenkerne überstreuen.
⑥ Anschließend den Teig zugedeckt 6 Std. gehen lassen.
⑦ Den E-Herd auf 170 °C Heiß- oder Umluft stellen und das Brot in den noch kalten Ofen stellen.
⑧ Ca. 1 1/2 bis 1 3/4 Stunde je nach Größe der Backformen backen. Es eignen sich zwei mittelgroße oder drei kleine Brotbackformen.
⑨ Das Brot nach dem Backen auf einem Gitter- oder Abkühlrost auskühlen lassen.

Tipp: Den Sesam vor der Zugabe in den Teig anrösten.

Vollkorn-Schnellbrot

Zutaten:

335 g Weizenvollkornmehl
335 g Dinkelvollkornmehl
500 ml handw. Wasser
20 g Salz
1 EL Honig
1/2 W. Hefe
etwas Kümmel
etwas Muskat
etwas Öl für die Form

Dekoration:

etwas Leinsamen
etwas Sesam
einige Sonnenblumenkerne

Teigmenge: ca. 1 275 g

Zubereitung:

① Alle Zutaten in einer Schüssel vermischen und zu einem Teig kneten.
② Den Teig in eine gefettete Kastenform geben und mit Wasser glatt ausstreichen.
③ Die Oberseite des Brotes in der Mitte leicht aufritzen.
④ Danach das Brot mit Leinsamen, Sesam und Sonnenblumenkernen bestreuen und leicht andrücken.
⑤ Die Kastenform in den kalten Backofen stellen und backen.

Backzeit: 60 Min.
Hitze: 230 bis 250 °C (Ober- und Unterhitze)

Hinweis: Dieses Brot lässt sich sehr schnell zubereiten, da die Teigruhe wegfällt.

Hilfsmittel:
- Rührschüssel
- Kastenform (30 cm lang)

Weißbrotzopf
mit Ballaststoffanteil

Zubereitung:

① Alle Zutaten in eine Küchenmaschine geben.
② Mit dem Knethaken die Zutaten zu einem glatten, geschmeidigen Teig verkneten. So lange kneten, bis sich der Teig vom Rand löst.
③ Den Teig an einem warmen Ort gehen lassen bis er sich verdoppelt hat.
④ Danach den Teig noch einmal durchkneten.
⑤ Den Teig in drei Teile teilen und zu länglichen Strängen formen.
⑥ Danach die drei Stränge zu einem Brotzopf flechten.
⑦ Eine Kastenform einfetten und den Brotzopf hineinlegen.
⑧ Etwas Wasser und Milch mischen und den Brotzopf damit bepinseln.
⑨ Nach Belieben mit Mohn oder Sesam bestreuen.
⑩ Anschließend den Brotzopf noch einmal gehen lassen.
⑪ Den Brotzopf in den vorgeheizten Ofen (180 bis 200 °C) schieben. Eine Schale mit heißem Wasser dazustellen.

Backzeit: 30 Min.
Hitze: 180 bis 200 °C

⑫ Das Brot auf einem Rost oder Holzbrett auskühlen lassen.

Hinweis: Das Weißbrot muss beim Backen eine goldgelbe Farbe bekommen.

Zutaten:

a) Teig:
400 g Weizenmehl (Type 405)
100 g Haferkleie
230 ml Buttermilch
15 g Salz
1 W. Hefe
1 Pr. Zucker
1 gestr. EL Butter
etwas Fett für die Form

b) Kruste:
etwas Wasser
etwas Milch
ggf. etwas Mohn
ggf. etwas Sesam

Teigmenge: ca. 811 g

Hilfsmittel:
- Küchenmaschine mit Knethaken
- längliche Kastenform

Weizenmischbrot

Weizenmischbrot

Zubereitung:

a) Sauerteigansatz:

① Einen Tag vor dem Backtag: Alle Zutaten für den Ansatz in einer Schüssel vermengen.
② Den Ansatz zugedeckt 12 Std. an einem warmen Ort gehen lassen.

b) Brotteig:

① Vor dem Backtag: Die restlichen Zutaten mit dem Sauerteigansatz verkneten.
② Den Brotteig 12 Std. gehen lassen.
③ Am Backtag: Den Teig zu einem Brotlaib formen und in eine gefettete Kastenform geben.
④ Mit einer Gabel kleine Löcher in den Brotlaib stechen.
⑤ Das Brot gehen lassen, bis es die gewünschte Höhe erreicht hat.
⑥ Den Ofen auf 200 °C vorheizen und in den Herd (untere Schiene) eine Tasse Wasser stellen.
⑦ Zunächst 30 Min. bei 200 °C backen.
⑧ Danach das Brot mit dem Wasser aus der Tasse bepinseln.
⑨ Anschließend 75 Min. bei 150 bis 180 °C durchbacken.
⑩ Ofen ausschalten und das Brot 15 Min. im Herd nachbacken.
⑪ Das Brot auf einem Rost oder Holzbrett auskühlen lassen.

Zutaten:

a) Sauerteigansatz:

1 P. Sauerteigextrakt
200 g Roggenmehl (Type 1150)
250 ml Wasser
etwas Buttermilch

b) Brotteig:

500 g gem. Roggenvollkornmehl
500 g gem. Weizenvollkornmehl
300 g Weizenmehl (Type 550)
750 ml handw. Wasser
1 EL Sesam
2 EL Haferflocken
2 EL Sonnenblumenkerne
1 EL gem. Leinsamen
30 g Salz
etwas Buttermilch
etwas Fett für die Form

Teigmenge: ca. 2 615 g

Tipp:
Dieser Brotteig lässt sich gut mit der Hand verkneten.

Hilfsmittel:
- große Rührschüssel
- Kastenform
- Gitterrost oder Holzbrett

Pikante Brote

Die Würzigen:

Besondere Zutaten machen diese Brote so außergewöhnlich schmackhaft. Bei den einen ist es die Vielzahl von Gewürzen, bei den anderen Obst und Gemüse, die hervorragend zum Getreide passen und das Brot pikant machen. Apfel-, Kürbis- oder Tomatenbrot sind hervorragende Speisebegleiter, schmecken aber auch mit ein wenig Butter.

Brasilianisches Maisgriebenbrot

Zutaten:

400 g Maismehl
450 ml Wasser
200 g Weizenmehl (Type 550)
100 g Speckgrieben
1 1/2 P. Trockenhefe
15 g Salz
2 EL Zucker
etwas Fett für die Form

Teigmenge: ca. 1 190 g

Zubereitung:

① Das Maismehl mit heißem Wasser in einer Schüssel zu einem Brei verrühren.
② Auftretende Klumpen im Maisbrei lösen und alles abkühlen lassen, bis der Brei lauwarm ist.
③ Die anderen Zutaten in den Maisbrei einrühren.
④ Den Teig 20 Min. gehen lassen.
⑤ Dann den Teig in eine gefettete Backform geben, 10 Min. gehen lassen und mit Wasser glattstreichen.

⑥ Den fertigen Brotteig in den vorgeheizten Backofen schieben.

Backzeit: erst 15 Min. bei 250 °C,
dann 40 Min. bei 180 °C

⑦ Das Brot ist gar, wenn es eine dunkelbraune Oberfläche hat.

Hinweis: Die Speckgrieben gibt es beim Metzger. Als Alternative gewürfelten Speck in einer Pfanne auslassen.

Hilfsmittel:
- große Rührschüssel
- Kastenform

32

Frisches Kräuter-Kartoffelbrot

Zutaten:

a) Teig:
2 P. TK-Kräuter
250 g Kartoffeln
1 W. Hefe
100 ml handw. Wasser
500 g Weizenmehl (Type 550)
1/2 TL Zucker
15 g Salz
etwas Fett für die Form

b) Kruste:
1 frisches Eigelb
2 EL Wasser
etwas grobkörniges Salz

Teigmenge: ca. 1 010 g

Zubereitung:

a) Vorarbeiten:
① Die Kräuter auftauen.
② Die Kartoffeln waschen, abbürsten und in Salzwasser gar kochen.

b) Brotteig:
① Die noch heißen Kartoffeln pellen und durch eine Presse drücken.
② Die Hefe mit 100 ml Wasser verrühren und 5 Min. gehen lassen.
③ In eine Schüssel die Hefe, die Kräuter, die Kartoffeln und alle übrigen Zutaten (bis auf das Eigelb) geben.
④ Mit einem Rührgerät alles gut verkneten, bis ein glatter Teig entsteht.
⑤ Den Teig 40 Min. gehen lassen.
⑥ Eine Springform gründlich einfetten.
⑦ Dann den Teig mit bemehlten Händen kurz durchkneten und zu einer langen Rolle formen.
⑧ Diese Rolle wie eine Schnecke in die Form legen.
⑨ Danach den Teig nochmals 15 Min. gehen lassen.
⑩ Das Eigelb mit 2 EL Wasser verquirlen und das Brot damit bestreichen.
⑪ Grobkörniges Salz über das Brot streuen und in den Backofen schieben.

Backzeit: 45 bis 55 Min.
Hitze: 200 °C

Hinweis: Es eignen sich „8-Kräuter-Mischung“ oder „Italienische Kräuter“.

Hilfsmittel:
- Kartoffelpresse
- große Rührschüssel
- Rührgerät oder Küchenmaschine
- Springform oder Pizzablech

Gewickelter Zimtsemmel

Gewickelter Zimtsemmel

13

Zubereitung:

a) Hefeteig:

① Die Milch, Zucker und Butter leicht erwärmen.
② Alle restlichen Zutaten des Hefeteiges in eine Rührschüssel geben.
③ Die Zutaten mit einem Knethaken gut vermengen.
④ Dann den Teig 30 Min. ruhen lassen.
⑤ Anschließend den Teig erneut kurz durchkneten und wieder 30 Min. ruhen lassen.
⑥ Diesen Vorgang noch drei- bis viermal wiederholen.
⑦ Den Teig auf einer Tischplatte 1/2 cm dick ausrollen.

b) Füllung:

① Den Zucker mit dem Zimt vermischen.
② Diese Mischung auf dem ausgerollten Teig verteilen.
③ Den Teig wieder aufrollen und die Enden andrücken.
④ Danach den Teig in eine gefettete Kastenform legen.
⑤ Anschließend den Teig mit einem verquirlten Ei bestreichen.
⑥ Die Kastenform in den kalten Ofen (untere Schiene) schieben.

Backzeit: 40 Min.
Hitze: 190 °C

Hinweis: Die Breite des ausgerollten Hefeteiges sollte die Länge der Kastenform nicht überschreiten.

Zutaten:

a) Hefeteig:

250 ml Milch
80 g Zucker
50 g Butter
400 g Weizenmehl (Type 405)
1 W. Hefe
1 Pr. Salz
1 frisches Ei
etwas Fett für die Form

b) Füllung:

80 g Zucker
1 EL Zimt

c) Kruste:

1 frisches Ei

Teigmenge: ca. 967 g

Hilfsmittel:
- Küchenmaschine mit Knethaken
- Kastenform

Tipp: Um Luftlöcher im fertig gebackenen Brot zu vermeiden, sollte der ausgerollte Teig mit etwas aufgelöster Butter bestrichen werden, bevor die Zimt-Zucker-Mischung aufgestreut wird.

Holzfällerbrot

Zutaten:

a) Hefevorteig:

250 g Weizenvollkornmehl
150 g Roggenvollkornmehl
100 g Weizenmehl (Type 405)
15 g Jodsalz
20 g Hefe
1 Pr. Zucker
340 ml Vollmilch

Zubereitung:

a) Hefevorteig:

① Die Mehle und das Salz in einer Rührschüssel vermischen.
② Eine Mehlmulde in der Schüssel bilden.
③ Die Hefe und den Zucker in lauwarmer Milch auflösen und in die Mulde gießen.
④ Vom Rand her etwas Mehl in die Mulde einrühren.
⑤ Den Vorteig 15 Min. ruhen lassen.

b) Vorarbeiten für den Brotteig:

① Die vorbereiteten Zwiebelwürfel mit wenig Butter in einer Pfanne anrösten.
② Schinkenwürfel dazugeben und mit etwas Mehl bestäuben.
③ Pfanne zum Abkühlen beiseite stellen.

c) Brotteig:

① Mit dem Rührgerät 5 Min. den Hefevorteig und das restliche Mehl in der Schüssel verkneten.
② Dann die Zwiebel-Schinken-Würfel in den Teig geben und verrühren.
③ Den Teig 30 Min. ruhen lassen.
④ Anschließend den Teig in eine gefettete Kastenform füllen und weitere 45 Min. zugedeckt ruhen lassen.
⑤ Danach die Brotoberfläche mehrmals schräg einschneiden, mit Wasser bepinseln und mit Grünkernschrot bestreuen.
⑥ Das Brot in den vorgeheizten Backofen (untere Schiene) schieben.

Backzeit: 60 Min.
Hitze: 200 °C

⑦ Nach dem Backen das Brot aus der Form lösen und 5 bis 10 Min. in den abgeschalteten Ofen stellen.
⑧ Das Brot auf einem Gitterrost auskühlen lassen.

Hinweis: Als Alternative zu den Zwiebelwürfeln eignen sich auch 150 g Röstzwiebeln.

weitere Zutaten:

b) Brotteig:
250 g Zwiebelwürfel
etwas Butter
90 g Schinkenwürfel
etwas Mehl
etwas Fett für die Form

c) Kruste:
etwas Wasser
etwas Grünkernschrot

Teigmenge: ca. 1 215 g

Hilfsmittel:
• große Rührschüssel
• Handrührgerät mit Knethaken
• Pfanne • Kastenform

Tipp: Das Brot ist fertig, wenn es rund und knusprig ist und beim leichten Gegenklopfen hohl klingt.

Kartoffelbrot

Zutaten:

a) Sauerteigansatz:
1 P. Fertigsauerteig
200 g grober Roggenschrot
500 ml Wasser

b) Brotteig:
500 g Kartoffeln
500 ml Wasser
250 g Roggenschrot
500 g Weizenvollkornmehl
1 gestr. TL gem. Kümmel
1 gestr. TL Koriander
10 g Salz

Teigmenge: ca. 2 480 g

Zubereitung:

a) Sauerteigansatz:

① Den Ansatz einen Tag vor dem Backen herstellen.
② Hierzu die Zutaten in einer Schüssel verrühren und abgedeckt bei Zimmertemperatur 12 Std. gehen lassen.

b) Brotteig:

① Die Kartoffeln waschen und mit Schale in Salzwasser gar kochen.
② Nach dem Abkühlen die Kartoffeln durch eine Presse drücken und mit 500 ml Wasser verrühren.
③ Den Sauerteig und das Kartoffelpüree in einer Schüssel vermischen.
④ Den Roggenschrot dazugeben und diesen Teig 8 Std. stehen lassen. Der Teig muss Blasen werfen und duften.
⑤ Danach den Teig und die restlichen Zutaten in eine Küchenmaschine füllen und 5 Min. verkneten.
⑥ Eine bis zwei Kastenformen mit Backpapier auslegen.

7. Den Teig teilen und zu gleichgroßen Klumpen verkneten.
8. Die Klumpen in den Formen auslegen und 1 1/2 bis 2 Std. gehen lassen.
9. Den Backofen auf 200 °C vorheizen. Eine Tasse Wasser in den Ofen stellen.
10. Die Brote mit Wasser einpinseln und in den Ofen schieben.

    Backzeit: 1 Std.
    Hitze: 200 °C

11. Nach dem Backen das Brot aus der Form nehmen und auskühlen lassen.

Hinweis: Eine Tasse vom Sauerteigansatz abnehmen und verschlossen im Kühlschrank für das nächste Backen aufbewahren.

Tipp: Der Brotteig ist knetfertig, wenn man mit einem Löffel leicht eine Delle in den Teig drücken kann.

Hilfsmittel:
• große Rührschüssel • Küchenmaschine • zwei Kastenformen • Backpapier

Kartoffelbrot

mit Mohn

Zubereitung:

a) Vorarbeiten:

1. Die Kartoffeln waschen, abbürsten und in der Schale in Salzwasser weich kochen.
2. Nach dem Abkühlen die Kartoffeln abpellen und pürieren.

b) Brotteig:

1. Das Püree mit den restlichen Zutaten vermischen.
2. Daraus einen elastischen Teig kneten.
3. Den Teig 1 Std. gehen lassen.
4. Eine Kastenform mit Backpapier auslegen.
5. Aus dem Teig einen Brotlaib formen und in die Kastenform legen.
6. Den Teig in der Form noch einmal 30 Min. gehen lassen.
7. Anschließend das Brot in den vorgeheizten Backofen schieben.

    Backzeit: 45 Min.
    Hitze: 180 °C

Zutaten:
500 g Kartoffeln
500 g Weizenmehl (Type 550)
325 ml fettarme Milch
75 g Backmohn
3 EL Zucker
15 g Salz
1 P. Trockenhefe

Teigmenge: ca. 1 490 g

Kehdinger Apfelbrot

Kehdinger Apfelbrot

Zubereitung:

① Den Apfel grob raspeln.
② Die Hefe in handwarmem Wasser auflösen.
③ Alle übrigen Zutaten in einer großen Schüssel mit der Hefe und dem Apfel zu einem Teig vermischen.
④ Den Teig 20 Min. gehen lassen.
⑤ Danach den Teig erneut durchkneten (am besten mit der Hand).
⑥ Eine Kastenform leicht ausfetten.
⑦ Den Teig in die gefettete Form geben und in den Ofen schieben.

Backzeit: 55 Min.
Hitze: 175 °C

Hinweis: Wer statt eines großen Brotlaibes zwei kleine Brotlaibe bäckt, kann die Backzeit auf 45 Min. reduzieren.

Zutaten:
1 Apfel
1 W. Hefe
250 ml handw. Wasser
200 g Weizenschrot
400 g Weizenmehl
15 g Salz
etwas Fett für die Form

Teigmenge: ca. 1 055 g

Kräuter-Knoblauch-Brot

Kräuter-Knoblauch-Brot

Zubereitung:

① Alle Zutaten bis auf das Öl in eine Rührschüssel geben, dabei sollten die Knoblauchzehen in Salz zerrieben werden, um den Geschmack zu verfeinern.
② Mit dem Rührgerät 4 Min. einen geschmeidigen Hefeteig kneten.
③ Den Teig 60 Min. gehen lassen.
④ Danach den Teig kräftig mit den Händen durchkneten. Wenn der Teig zu sehr klebt, noch etwas Mehl zugeben.
⑤ Einen Brotlaib formen und in eine gefettete Auflaufform legen.
⑥ Die Auflaufform mit einem Deckel verschließen.
⑦ Den Teig in der Form nochmals 45 Min. gehen lassen.
⑧ Anschließend den Teig mit Knoblauchöl einpinseln, die Auflaufform wieder verschließen und in den vorgeheizten Backofen stellen.

Backzeit: 50 Min.
Hitze: 200 °C, zuerst mit Deckel backen.

⑨ Danach 10 Min. bei gleicher Hitze ohne Deckel backen.

Hinweis: Anstelle der Auflaufform können auch backfeste Kunststoff-Schalen oder mit Alufolie ausgelegte Kastenformen verwendet werden.

Zutaten:

a) Teig:
350 g Weizenmehl (Type 550)
250 ml Wasser
2 EL Haferflocken
1 1/2 EL Zucker
1 1/2 EL Olivenöl
20 g Salz
3 geha. Knoblauchzehen
3 EL geha. Petersilie
10 g getr. Kräuter der Provence
1 1/2 TL Trockenhefe
etwas Thymian
etwas Fett für die Form

b) Kruste:
etwas Knoblauchöl

Teigmenge: ca. 800 g

Hilfsmittel:
• Rührgerät
• Auflaufform mit Deckel

Tipp: Wer es eilig hat, kann den Teig auch im heißen Wasserbad 30 bis 40 Min. gehen lassen.

Kürbisbrot

Zutaten:
1 mittelgroßer Kürbis (500 g)
100 ml Wasser
50 g Salz
2 EL Margarine
1 W. Hefe
100 ml Milch
1 Pr. Zucker
800 g Weizenmehl
(Type 1050)
etwas Fett für die Form

Teigmenge: ca. 1 645 g

Zubereitung:

a) Vorarbeiten:

① Den Kürbis würfeln und mit 100 ml Wasser ohne Deckel zu Mus kochen.
② Den Kürbismus abkühlen lassen. Für das Brot werden 500 g Kürbismus benötigt.
③ Das Salz und die Margarine hinzufügen.

b) Brotteig:

① Die Hefe mit warmer Milch und dem Zucker verrühren.
② Diese Mischung 5 bis 10 Min. gehen lassen.
③ Das Mehl in eine Schüssel geben und alle Zutaten gut verkneten.
④ Den Teig 45 Min. gehen lassen.
⑤ Eine Backform ausfetten und den Teig einfüllen.
⑥ In der Form den Teig noch einmal 15 Min. gehen lassen.
⑦ Das Brot in den vorgeheizten Backofen schieben.

Backzeit: erst 20 Min. bei 200 °C,
dann 30 Min. bei 150 °C

Hinweis: Bei Vollkornweizenmehl zusätzlich 100 ml Buttermilch in den Teig geben.

Tipp: Das Kürbismus kann man auf Vorrat in 500-g-Päckchen einfrieren.

Kürbisgewürzbrot

Zubereitung:

① Einen mittelgroßen Kürbis würfeln und weich kochen.
② Zum abgekühlten Kürbismus die restlichen Zutaten geben und mit einem Rührgerät zu einem Brotteig verkneten.
③ Den Teig 45 Min. gehen lassen.
④ Anschließend den Teig erneut gut durchkneten.
⑤ Danach ein Brotlaib formen und den Teig 15 Min. gehen lassen.
⑥ Das Brot auf ein gefettetes Backblech legen.
⑦ Den Backofen 5 Min. vorheizen und das Brot in den Ofen schieben.

Backzeit: 60 Min.
Hitze: 200 °C

Zutaten:

1 mittelgroßer Kürbis (500g)
100 ml Wasser
350 g Weizenschrotmehl (Type 1050)
150 g Roggenmehl (Type 1800)
50 ml Öl
1 P. Trockenhefe
2 EL geha. Walnüsse
1 EL Sesam
1 EL Mohn
15 g Salz
1/2 TL gem. Kümmel
1/2 TL gem. Anis
etwas Zucker
etwas Fett für das Blech

Teigmenge: ca. 1 180 g

Hilfsmittel:
- Rührgerät mit Knethaken
- Backblech oder Bratbeutel

Tipp: Zum Backen kann man das Brot auch in einen Bratbeutel füllen. Den Bratbeutel zubinden und auf der Brotoberseite mehrmals mit der Gabel in den Beutel leicht einstechen.

65

Nussbrot

Zutaten:

a) Sauerteigansatz:
1 P. Fertigsauerteig
200 g grobes Roggenmehl
500 ml Wasser

b) Sauerteig:
700 g Roggenschrot
1 l Wasser

c) Brotteig:
700 g Dinkelschrot
30 g Salz
300 g Haselnusskerne

Teigmenge: ca. 3 950 g

Zubereitung:

a) Sauerteigansatz:

① 24 Std. vor dem Backen: Alle Zutaten für den Ansatz in eine große Schüssel geben und verrühren.

② Den Ansatz abgedeckt 12 Std. bei Raumtemperatur gehen lassen.

b) Sauerteig:

① Das Roggenschrot und 1 l warmes Wasser zum Ansatz geben.

② Die Zutaten verrühren und mit einer Folie abdecken.

③ Den Sauerteig abgedeckt 12 Std. bei Raumtemperatur gehen lassen.

c) Brotteig:

① Den fertigen Sauerteig in eine Küchenmaschine füllen.

② Dinkelschrot und Salz dazugeben und 5 Min. durchkneten.

③ Die Nusskerne ca. 2 Std. in heißem Wasser ziehen lassen, Restwasser abgießen und die Nüsse in den Brotteig geben.
④ Alles noch einmal kurz durchkneten.
⑤ Drei bis vier runde Blechdosen mit Backpapier auslegen.
⑥ Den Brotteig aufteilen, rund formen und in die Dosen füllen (700 g pro Dose).
⑦ Den Teig in den Dosen 1 1/2 Std. gehen lassen.
⑧ Danach die Oberseiten der Brote mit Wasser bepinseln.
⑨ Den Backofen auf 200 °C vorheizen und eine Tasse dazustellen.

Backzeit: 60 Min.
Hitze: 200 °C

⑩ Anschließend die Brote aus den Dose nehmen und auskühlen lassen.

Hinweis: Die Brote werden in leeren 1-Liter-Konservendosen gebacken, die oben offen sind.

Hilfsmittel:
- Küchenmaschine
- 3 bis 4 Konservendosen
- Backpapier

Partybrötchentorte
mit Käse und Schinken

Zutaten:

a) Teig:
1 000 g Weizenmehl (Type 405)
20 g Salz
2 P. Trockenhefe
2 TL Zucker
650 ml Milch
120 g Butter
1 EL Sirup

b) Kruste:
1 frisches Eigelb
etwas Milch
200 g geriebener Gouda
200 g gewürfelter Schinken

Teigmenge: ca. 1 875 g

Zubereitung:
① Das Mehl, Salz, Hefe und Zucker in eine Rührschüssel geben.
② Die Milch mit der Butter und dem Sirup leicht erwärmen.
③ Diese Zutaten in die Rührschüssel geben und mit einem Rührgerät alles durchkneten.
④ Danach den Teig 45 Min. gehen lassen.
⑤ Anschließend den Teig noch einmal mit den Händen durchkneten.
⑥ Ein Blech mit Backpapier auslegen.
⑦ Aus dem Teig 24 bis 30 kleine Brötchen formen und auf einem Backblech zu einer Torte anordnen.
⑧ Die Brötchen einritzen, ein Eigelb mit etwas Milch vermischen und damit die Torte bestreichen.
⑨ Über die Torte den geriebenen Gouda und den gewürfelten Schinken streuen.
⑩ Die Torte in den vorgeheizten Ofen schieben.

Backzeit: 30 bis 35 Min.
Hitze: 200 °C

Hinweis: Wenn sich der Teig beim Kneten mit dem Rührgerät vom Schüsselboden löst, ist er fertig.

Hilfsmittel:
- große Rührschüssel
- Rührgerät mit Knethaken
- Backblech
- Backpapier

Pizzabrot mit Schinken

Pizzabrot mit Schinken

Zubereitung:

a) Vorarbeiten:

① Den Mozzarella und den Schinken in kleine Würfel schneiden.
② Die Hefe in kleine Stücke zerbröckeln.

b) Brotteig:

① Das Mehl, Hefe, Wasser, Öl, ein Ei und Salz in eine Rührschüssel geben.
② Diese Zutaten mit dem Rührgerät 3 bis 5 Min. zu einem geschmeidigen Hefeteig verrühren.
③ Den Backofen 5 Min. auf 50 °C vorheizen und ausschalten.
④ Den zugedeckten Teig 15 Min. im Ofen gehen lassen.
⑤ Dann die Schinken- und Käsewürfel unter den Hefeteig kneten.
⑥ Den Brotteig zu einem Laib formen, auf ein gefettetes Backblech legen und erneut 15 Min. im noch warmen Backofen gehen lassen.
⑦ Das zweite Ei mit Wasser verquirlen, den Teig damit bestreichen und den Salbei überstreuen.
⑧ Den Backofen vorheizen.

Backzeit: 35 Min.
Hitze: 170 bis 190 °C

Zutaten:

a) Teig:

150 g Mozzarella-Käse
100 g (Lachs-)Schinken
1 W. Hefe
500 g Weizenmehl (Type 550 od. 405)
100 ml handw. Wasser
3 EL Olivenöl
1 frisches Ei
15 g Salz
etwas Fett für das Blech

b) Kruste:

1 frisches Ei
1 EL Wasser
etwas getr. Salbei

Teigmenge: ca. 887 g

Hilfsmittel:
- große Rührschüssel
- Rührgerät mit Knethaken
- Backblech

Schinkenbrot

Zutaten:

150 g Schinken
500 g Weizenmehl (Type 550)
1 W. Hefe
125 ml handw. Milch
1 TL Zucker
40 g Butter
2 TL getr. Thymian
1 frisches Ei
1 frisches Eigelb
10 g Salz
etwas Milch
etwas Fett für das Blech

Teigmenge: ca. 980 g

Zubereitung:

① Den Schinken würfeln.
② Aus dem Mehl, der Hefe, der Milch und dem Zucker einen Hefeteig zubereiten.
③ Den Hefeteig 20 Min. gehen lassen.
④ In einer Pfanne die Butter schmelzen lassen.
⑤ Diese Butter mit den übrigen Zutaten zum Hefeteig geben und alles gut verkneten.
⑥ Den Teig zu einer runden Kugel formen.
⑦ Die Teigkugel auf ein bemehltes Backblech legen und 30 Min. gehen lassen.
⑧ Nach dem Gehen den Teig mit Milch bestreichen.
⑨ Das Brot auf ein gefettetes Backblech legen und in den vorgeheizten Ofen schieben.

Backzeit: 30 Min.
Hitze: 220 °C (Umluft)

Hilfsmittel:
- Pfanne
- Backblech

Schnelles Olivenbrot

Zubereitung:

a) Vorarbeiten:

① Die Hälfte der Oliven durch eine Knoblauchpresse drücken.

② Den Rest der Oliven klein schneiden.

b) Brotteig:

① Das Mehl, Hirse, Leinsamen, Gewürze, Salz, Öl, Essig in einer Schüssel vermischen.

② Die vorbereiteten Oliven dazugeben.

③ Die Hefe in lauwarmer Buttermilch auflösen.

④ Dann die Hefe-Buttermilch in die Schüssel geben und mit einem Rührgerät alle Zutaten zu einem Brotteig verkneten.

⑤ Den Teig in eine leicht gefettete Kastenform füllen und mit Haferflocken bestreuen.

⑥ Die Form in den kalten Backofen stellen (vorher keine Teigruhe!) und das Brot backen.

Backzeit: 60 Min.
Hitze: 200 °C (Ober- und Unterhitze, bei Umluft 160 °C)

⑦ Garprobe: Gegen das Brot klopfen. Klingt es innen hohl, ist es ausgebacken.

⑧ Danach das Brot auf einem Gitterrost auskühlen lassen.

Hinweis: Der Teig wird bei der Zubereitung sehr klebrig.

Zutaten:

a) Teig:

85 g Oliven mit Paprika
350 g Weizenvollkornmehl
200 g Weizenmehl (Type 405)
100 g Hirsekörner
100 g Leinsamen
1 P. TK-Basilikum
2 TL getr. Oregano
1/2 TL gem. Kümmel
1 Pr. Koriander
15 g Salz
1 TL Olivenöl
2 EL Obstessig
1 W. Hefe
400 ml Buttermilch
etwas Fett für die Form

b) Kruste:

einige Haferflocken

Teigmenge: ca. 1 390 g

Hilfsmittel:
- Knoblauchpresse
- große Rührschüssel
- Rührgerät mit Knethaken
- Kastenform (25 cm × 11 cm)

Tipp: Dieses Brot schmeckt auch pur sehr gut.

Süßer Kürbissemmel

Süßer Kürbissemmel

Zubereitung:

① Den Kürbis würfeln und mit 100 ml Wasser zu Mus kochen.

② Anschließend das Kürbismus abkühlen lassen. Für das Brot werden 375 g Kürbismus benötigt.

③ Zum Kürbismus den Zucker, die Hefe, die Margarine und das Öl geben.

④ Mit dem Rührgerät alles gut verrühren und langsam das Mehl unterkneten.

⑤ Den Teig 45 bis 60 Min. gehen lassen.

⑥ Eine Kastenform ausfetten.

⑦ Den Teig in die Kastenform füllen

⑧ Das Brot in den vorgeheizten Backofen stellen.

Backzeit: ca. 60 Min.
Hitze: 200 °C

⑨ Das Brot auf einem Drahtrost auskühlen lassen.

Hinweis: Beim Backen muss das Brot goldbraun werden.

Zutaten:

1 mittelgroßer Kürbis (375 g)
100 ml Wasser
125 g Zucker
1 W. Hefe
125 g Margarine
1 EL Öl
750 g Weizenmehl
1 kräftige Pr. Salz
etwas Fett für die Form

Teigmenge: ca. 1 427 g

Hilfsmittel:
- Rührgerät mit Knethaken
- Kastenform

Tipp: Man kann in den Teig auch 50 g Kürbiskerne geben.

Tomatenbrot

Tomatenbrot

Zubereitung:

a) Vorarbeiten:

① Die Tomaten klein schneiden und in 100 ml Wasser weichkochen.
② Anschließend die Tomaten durch ein Sieb streichen, sodass 800 ml Tomatenmark entstehen.
③ Das Tomatenmark abkühlen lassen.

b) Brotteig:

① Das Tomatenmark mit den übrigen Zutaten vermischen und zu einem geschmeidigen Teig verkneten.
② Den Teig 1 Std. gehen lassen.
③ Eine Kastenform mit Backpapier auslegen.
④ Dann aus dem Teig einen Brotlaib formen und in die Kastenform legen.
⑤ Das Brot in der Form noch einmal 30 Min. gehen lassen.
⑥ Danach die Brotform in den vorgeheizten Backofen stellen.

Backzeit: 45 Min.
Hitze: 180 °C

Hinweis: Das pürierte Tomatenmark gibt dem Brot seine Feuchtigkeit. Wasser muss nicht noch zusätzlich zum Teig gegeben werden.

Zutaten:

a) Vorarbeiten:

1 kg Fleischtomaten
100 ml Wasser

b) Brotteig:

650 g Weizenmehl (Type 550)
40 g Kräutersalz
$^1/_2$ TL Zucker
1 P. Trockenhefe

Teigmenge: ca. 2 707 g

Hilfsmittel:
- Sieb
- große Rührschüssel
- Kastenform (1,5 l Inhalt, 27 cm lang)

Walnussbrot

Zubereitung:

a) Sauerteigansatz (150 g):

① Einen Sauerteigansatz herstellen wie im Brotrezept „Brüggener Kasten“, S. 30, Zubereitung a). Zu beachten ist, dass für das Wallnussbrot nur 150 g Sauerteig benötigt werden, die Zutatenmengen wurden entsprechend verringert.

Tipp: Sauerteig ist im Kühlschrank eine gute Woche haltbar, daher empfiehlt es sich, gleich eine grössere Menge herzustellen, die für meherere Brote verwendet werden kann.

b) Vorteig:

① Das Weizenmehl in eine Schüssel geben und eine Mehlmulde bilden.
② Das Wasser und die zerkleinerte Hefe in die Mulde füllen.
③ Durch Rühren einen Vorteig herstellen.
④ Den Vorteig 15 Min. gehen lassen.

c) Brotteig:

① Die Schrote und das Mehl sorgfältig vermischen.
② Die übrigen Zutaten, ohne die Walnüsse, unterrühren und dann zum Vorteig geben.
③ In einer Küchenmaschine alles 10 Min. durchkneten und zuletzt die Walnüsse einkneten.
④ Den abgedeckten Teig gehen lassen, bis er sich vergrößert hat.
⑤ Den Teig erneut kurz kneten, in zwei Hälften teilen, rund formen und in bemehlte Gehkörbchen legen.
⑥ Dann den Teig an einem warmen Ort gehen lassen. Er muss sich um ein Drittel vergrößern.
⑦ Den Teig vorsichtig auf ein mit Nussöl gefettetes Backblech stürzen.
⑧ Den Ofen vorheizen, eine Tasse Wasser dazustellen und das Blech in den Ofen schieben.

Backzeit: 40 bis 55 Min.
Hitze: 220 °C (Ober- und Unterhitze)
200 °C (Umluft).

Hinweis: Die Backzeit variiert je nach Größe der Brote. Größere Brote brauchen eine längere Backzeit.

Zutaten:

a) Sauerteigansatz:
75 g Roggenschrot
10 ml Buttermilch
65 ml Wasser

b) Vorteig:
500 g Weizenmehl (Type 1050)
200 ml Wasser
1 1/2 W. Hefe

c) Brotteig:
150 g gem. Weizenschrot
150 g gem. Roggenschrot
200 g Roggenmehl (Type 1150)
150 g fertig gereifter Sauerteig aus a)
400 ml Wasser
20 g Salz
150 g geha. Walnusskerne
2 EL Nussöl für das Blech

Teigmenge: ca. 2 160 g

Hilfsmittel:
- große Rührschüssel
- Küchenmaschine
- Geschirrtuch zum Abdecken
- Gehkörbchen
- Backpapier

Milchbrote

Die Milchigen:

„Brot ist der Erde Frucht, doch ist's vom Lichte gesegnet", notierte schon Friedrich Hölderlin. Noch wohlschmeckender ist es aber, wenn es von einem weiteren landwirtschaftlichen Produkt ergänzt wird: von der Milch. Brot und Milch zusammen sind im Speiseplan eine unschlagbare Nährstoffkombination. Im Gebäck sorgen Milchprodukte für den hervorragenden Geschmack und die Saftigkeit.

Buttermilchbrot

Buttermilchbrot

Zubereitung:

① Die Mehle in die Rührschüssel der Knetmaschine schütten und vermischen.
② Eine kleine Mehlmulde bilden.
③ Etwas Buttermilch mit der Hefe verrühren, in die Mehlmulde geben und 15 Min. vorgehen lassen.
④ Danach die restliche Buttermilch und das Salz zugeben.
⑤ Alle Zutaten gut verkneten und den Teig 20 Min. ruhen lassen.
⑥ Eine bis zwei Kastenformen mit Margarine einfetten.
⑦ Anschließend zwei Brotlaibe formen und in die Formen füllen.
⑧ Die Brote in den vorgeheizten Ofen schieben.

Backzeit: 45 Min.
Hitze: 200 °C

Zutaten:
400 g Roggenmehl (Type 997)
400 g Weizenmehl (Type 550)
750 ml Buttermilch
1 W. Hefe
20 g Salz
etwas Margarine für die Formen

Teigmenge: ca. 1 610 g

Hilfsmittel:
- zwei Kastenformen
- Knetmaschine
- mit Rührschüssel

Dinkel-Buttermilchbrot

Zubereitung:

① Das Mehl in eine Schüssel geben.
② Die Buttermilch erwärmen und mit der Hefe und den übrigen Zutaten verrühren
③ Alle Zutaten 5 Min. zu einem Teig verkneten.
④ Den Teig an einen warmen Ort stellen.
⑤ Nach 20 Min. den Teig erneut durchkneten und bei Bedarf etwas Mehl zugeben.
⑥ Den Teig in eine gefettete Kastenform füllen und in der Form 15 Min. gehen lassen.
⑦ Danach das Brot backen.

Backzeit: 2 Std.
Hitze: 200 °C

Zutaten:
500 g Dinkelmehl
300 ml Buttermilch
1 P. Trockenhefe (od. 1 W. frische Hefe)
15 g Salz
2 EL Olivenöl
1 EL Honig
etwas Fett für die Form

Teigmenge: ca. 950 g

Grüntee - Buttermilchbrot

Grüntee-Buttermilchbrot

Zutaten:
3 Teebeutel „Grüner Tee“
500 ml Wasser
500 g Roggenmehl (Type 1150)
500 g Weizenmehl (Type 1050)
250 ml Buttermilch
30 g Salz
1 P. Sauerteig (Fertigmischung)
1 W. Hefe
etwas Fett für die Form(en)

Teigmenge: ca. 2 350 g

Zubereitung:

a) Vorarbeiten:

① Die Teebeutel mit 500 ml kochendem Wasser übergießen.
② Den Tee 10 Min. ziehen und danach abkühlen lassen.

b) Brotteig:

① Den Tee und die anderen Zutaten in eine große Schüssel geben und 5 Min. per Hand zu einem Teig kneten.
② Den Teig mit einem feuchten Tuch abdecken und an einem warmen Ort 2 Std. gehen lassen.
③ Eine bis zwei Backformen gut einfetten.
④ Mit bemehlten Händen den Brotteig wiederholt kneten und in die Form(en) füllen.
⑤ Die Brotoberfläche mit Wasser glatt streichen.
⑥ Die Formen im Ofen 30 Min. bei 50 °C gehen lassen.
⑦ Anschließend das Brot backen. Eine Tasse Wasser in den Ofen stellen.

Backzeit: 2 Std.
Hitze: 180 bis 190 °C

⑧ Das fertige Brot auf einen Gitterrost stülpen und die Oberseite wieder mit einem nassen Pinsel bestreichen.
⑨ Brot gut auskühlen lassen.

Hilfsmittel:
- Geschirrtuch
- Backpinsel
- Kastenform

Tipp: Anstelle einer Kastenform kann das Brot auch in einer größeren Porzellanschale gebacken werden.

Kähmer Mühlenbrot

Kähmer Mühlenbrot

Zubereitung:

① Alle Zutaten in eine Rührschüssel geben, vermischen und zu einem Brotteig verkneten.

② Mit bemehlten Händen den Brotteig in eine gefettete Kastenform geben.

③ Den Teig in der Kastenform gehen lassen bis er sich gehoben hat.

④ Danach das Brot mit etwas Eiweiß bestreichen und mit Sesam sowie Leinsamen bestreuen.

⑤ Das Brot in den vorgeheizten Backofen (untere Schiene) schieben und backen.

Backzeit: 2 Std.
Hitze: 180 °C

Hinweis: Die Vollmilch und der Joghurt erzeugen bei dem Brot eine feuchtweiche, an Kuchen erinnernde Krume.

Zutaten

400 g Roggenmehl (Type 997)
100 g Roggenmehl (Type 1800)
800 g Weizenmehl (Type 405)
200 g Dinkelvollkornmehl
150 g Magermilch-Joghurt
500 ml Vollmilch
250 ml heißes Wasser
1 EL Branntweinessig
2 EL Rübensirup
4 EL Sesam
4 EL Leinsamen
1 W. Hefe
35 g Salz
1 frisches Eiweiß
etwas Fett für die Form

Teigmenge: ca. 2 765 g

Hilfsmittel:
- Rührschüssel mit Knethaken
- 2 Kastenformen (14 x 34 cm)

Roggenschrotbrot

mit Buttermilch

Zutaten:

330 g Roggenvollkornschrot (Type 1800)
500 ml Buttermilch
290 g Weizenmehl (Type 1050)
50 g Sonnenblumenkerne
60 ml handw. Wasser
1 W. Hefe
1 EL Zitronensaft
1 TL Rübensirup
15 g Salz

Teigmenge: ca. 1 345 g

Zubereitung:

a) Vorarbeiten:

① Das Roggenschrot mit der Buttermilch verrühren.
② Diese Mischung mindestens 12 Std. (z.B. über Nacht) quellen lassen.

b) Brotteig:

① Alle restlichen Zutaten, bis auf das Salz, zur Schrot-Milch-Mischung geben.
② Zutaten mit dem Knethaken kräftig verkneten.
③ Den Teig bei Raumtemperatur gehen lassen, bis er sich verdoppelt hat.
④ Das Salz dazugeben und noch einmal alles kräftig durchkneten.
⑤ Eine Kastenform mit Backpapier auslegen.
⑥ Den Teig einfüllen, glatt streichen und mittig in der Länge 2 cm tief einschneiden.
⑦ Die Form in den kalten Ofen auf die untere Schiene stellen.

Backzeit: 80 Min.
Hitze: 180 °C

Hilfsmittel:
- große Rührschüssel
- Küchenmaschine mit Knethaken
- Backpapier
- Kastenform

Sonnenblumenkern-Buttermilchbrot

Zubereitung:

1. Die Hefe in lauwarmer Buttermilch auflösen.
2. Alle übrigen Zutaten mit der aufgelösten Hefe zu einem Teig verrühren.
3. Den Hefeteig 10 Min. gehen lassen.
4. Danach den Teig mit einem Kochlöffel schlagen, bis er Blasen wirft.
5. Den Teig zugedeckt 35 Min. gehen lassen.
6. Anschließend den Teig noch einmal kurz durchkneten und zu einem Laib formen.
7. Eine Kastenform gut einfetten.
8. Den Teig in die Form geben und mittig mit einem spitzen Messer tief einschneiden (etwa 1 cm).
9. Die Kastenform in den Ofen schieben und 20 Min. bei 50 °C gehen lassen.
10. Anschließend das Brot backen.

Backzeit: 50 bis 60 Min.
Hitze: 200 °C

Hinweis: Durch das Teigschlagen wird der Teig elastischer. Der Teig kann dadurch schneller aufgehen.

Zutaten:

1 W. Hefe
500 ml Buttermilch
500 g Roggenmehl (Type 1150)
500 g Weizenmehl (Type 550)
125 ml Wasser
100 g Sonnenblumenkerne
20 g Salz
1 TL Koriander
etwas Fett für die Form

Teigmenge: ca. 1 795 g

Tipp: Das Brot ist gar, wenn die Brotoberseite eine bräunliche Färbung hat.

Vollkornbrot mit Buttermilch

Vollkornbrot

mit Buttermilch

Zubereitung:

① Alle Zutaten in die große Rührschüssel einer Küchenmaschine geben.
② Die Zutaten kräftig mit dem Knethaken vermengen.
③ Den Teig 20 Min. zugedeckt in der Rührschüssel ruhen lassen.
④ Anschließend den Teig 1 Min. durchkneten und wieder 20 Min. in der Rührschüssel ruhen lassen.
⑤ Den Vorgang – Kneten und Teigruhe – 6- bis 8-mal wiederholen.
⑥ Drei Kastenformen mit Fett ausstreichen.
⑦ Den Brotteig in die Formen füllen und mit einem Messer den Brotteig auf der Oberseite leicht einschneiden.
⑧ Die Oberseiten der Brote mit Weizenvollkornmehl bestäuben.
⑨ Danach die Brote in den Backofen (untere Schiene) schieben.

Backzeit 106 Min.
Hitze: 230 °C (Ober- und Unterhitze)

⑩ Brote nach dem Backen auf einen Rost stürzen und abkühlen lassen.

Zutaten:

a) Teig:
1 000 g Weizenvollkornmehl
1 000 g Roggenvollkornschrot
200 g Sonnenblumenkerne
120 g Leinsamen (fein geschrotet)
40 g Salz
2 W. Hefe
1 l Buttermilch
800 ml handw. Wasser
etwas Fett für die Form

b) Kruste:
etwas Weizenvollkornmehl

Teigmenge: ca. 4 265 g

Tipp: Aufpassen bei der Wasserzugabe zum Teig: Je nach Ausmahlungsgrad des Mehles das Wasser vorsichtig dosieren.

Baguettes und Brötchen

Die Formvollendeten:

Brötchen und Baguettes sind vor allem durch ihren hohen Krustenanteil so lecker. Ihnen verleihen die in der Kruste enthaltenen Röststoffe den unwiderstehlichen Geschmack. Dekorativ sind sie außerdem – auf Kaffeetisch oder Partybuffet eine ideale Beilage. Ihre Formenvielfalt ist keine kreative Neuschöpfung: Sie hat einen jahrhundertealten, volkstümlichen Ursprung.

Baguettes

Zutaten:
(für 5 Baguettes)

a) Vorteig:
2 EL Milch
4 EL Wasser
1 TL Keimöl
1 TL Trockenhefe
1 EL gekochtes Wasser
15 g Zucker
10 g Salz
100 g Weizenmehl (Type 405)

b) Brotteig:
200 ml Milch
500 ml Wasser
3 EL Keimöl
4 TL Trockenhefe
8 EL gekochtes Wasser
3 EL Zucker
1 050 g Weizenmehl (Type 1050)
20 g Salz
etwas Öl für die Schüssel

c) Kruste:
1 frisches Eiweiß
1 EL Wasser

Teigmenge: ca. 2 740 g

Zubereitung:

a) Vorteig:
① Die Milch mit 4 EL Wasser und dem Öl abkochen.
② Alles gut abkühlen lassen, bis es lauwarm ist.
③ Dann die Hefe mit der abgekochten Flüssigkeit und dem Zucker verrühren und 5 Min. gehen lassen.
④ Diese Mischung zusammen mit dem Salz in die Milchlösung geben.
⑤ Das Ganze in das Mehl einmischen, zudecken und an einem warmen Ort 12 bis 18 Std. stehen lassen.

b) Brotteig:
① Die Milch, das Wasser und das Öl aufkochen.
② Alles gut abkühlen lassen, bis es lauwarm ist.
③ Die Hefe mit der abgekochten Flüssigkeit und dem Zucker verrühren.
④ Danach die Hefe gehen lassen, bis sie blasig wird.
⑤ Das Mehl in eine Schüssel sieben und alle restlichen Zutaten (den Vorteig auch) dazugeben.
⑥ Diese Zutaten zu einem weichen Brotteig mischen (nicht kneten!).
⑦ Den Teig in eine geölte Schüssel geben und 1 Std. gehen lassen.

Tipp: Die Baguettes lassen sich gut einfrieren und wieder aufbacken.

c) Baguettes formen:

① Den fertigen Teig auf einer bemehlten Arbeitsfläche in fünf Teile schneiden.
② Jedes Teil zu einem Rechteck ausrollen und der Länge nach fest aufrollen.
③ Ein Backblech mit Backpapier auslegen. Dabei eine längliche Fünferfaltung in das Backpapier bringen.
④ Die Baguettes in jede Faltung hineinlegen.
⑤ Mit einem Messer jedes Baguette mehrmals schräg einschneiden.
⑥ Die Baguettes wieder 1 Std. gehen lassen.

d) Dekoration und Backen:

① Die Baguettes in den vorgeheizten Backofen (200 °C) schieben.

Backzeit: 35 Min.
Hitze: 200 °C

② Das Eiweiß mit dem Wasser verquirlen und die Baguettes damit bestreichen.
③ Weitere 5 Min. bei 200 °C backen.

Hilfsmittel:
- große Rührschüssel
- Backblech
- Backpapier

Brötchen und Brot aus Weizenschrot

Brötchen und Brot aus Weizenschrot

Zubereitung:

a) Teigansatz:

① Ganze Weizenkörner durch eine Flockenquetsche drehen und 250 g Weizenflocken herstellen.

① Die Weizenflocken über Nacht in 300 ml Wasser quellen lassen.

b) Brotteig:

① Den Teigansatz in eine Küchenmaschine geben.

② Das Wasser, das Öl und das Salz hinzufügen und schrittweise das Mehl unterkneten.

③ Zum Schluss die Hefe untermengen. Wenn sich der Teig vom Schüsselboden lösen lässt, ist er knetfertig.

④ Den Teig zugedeckt 15 Min. gehen lassen.

⑤ Anschließend den Teig mit einer Waage abwiegen. 600 g Teig in eine gefettete Kastenform füllen und der Länge nach mittig einschneiden.

⑥ Aus dem Rest 60 g schwere Teiglinge formen und auf ein gefettetes Backblech setzen.

⑦ Die Teiglinge und das Brot 15 Min. gehen lassen.

⑧ Im vorgeheizten Backofen die Brötchen und das Brot zusammen backen.

Backzeit (Brötchen und Brot): 15 Min.
Hitze: 250 °C

⑨ Die Brötchen aus dem Ofen nehmen und die Temperatur auf 180 °C zurückdrehen.

Weitere Backzeit (nur Brot): 30 Min.
Hitze: 180 °C

Hilfsmittel:
- Flockenquetsche
- Küchenmaschine
- Backblech/Kastenform

Zutaten:

a) Teigansatz:
250 g Weizenkörner
300 ml Wasser

b) Brotteig:
300 ml Wasser
30 ml Öl
15 g Salz
450 g Weizenmehl (Type 550)
80 g Hefe
etwas Fett für die Form
u. das Blech

Teigmenge: ca. 1 430 g

Käsebaguette

Zutaten:

a) Sauerteigansatz:
25 g Roggenschrot
3 ml Buttermilch
22 ml Wasser

b) Vorteig:
550 g Weizenmehl (Type 1050)
1 W. Hefe
100 ml Wasser

c) Brotteig:
100 g gem. Weizenschrot
50 g gem. Roggenschrot
50 g fertig gereifter Sauerteig aus a)
15 g Salz
250 ml Wasser
1 EL Sonnenblumenöl
150 g grob gerasp. Käse
150 g fein gerasp. Käse zum Bestreuen

Teigmenge: ca. 1 560 g

Tipp: Als Käse eignet sich Gouda sehr gut.

Hilfsmittel:
- große Rührschüssel
- Backblech/Backpapier

Zubereitung:

a) Sauerteigansatz (50 g):

① Einen Sauerteig herstellen wie im Brotrezept „Brüggener Kasten“, S. 30, Zubereitung a) . Zu beachten ist, dass für die Käsebaguettes nur 50 g Sauerteig benötigt werden, die Zutatenmengen wurden entsprechend verringert.

Tipp: Sauerteig ist im Kühlschrank eine gute Woche haltbar, daher empfiehlt es sich, gleich eine grössere Menge herzustellen, die für meherere Brote verwendet werden kann.

② Aus ganzen Körnern feines Roggen- und Weizenschrot mahlen.

b) Vorteig:

① Das Weizenmehl in eine Schüssel geben und eine Mehlmulde bilden.
② In die Mehlmulde die zerbröckelte Hefe geben, das Wasser hinzufügen und alles verrühren.
③ Den Vorteig 15 Min. gehen lassen.

c) Brotteig:

① Alle restlichen Zutaten, bis auf den Käse, zum Vorteig geben und 10 Min. zu einem Brotteig verkneten.
② Den grob geraspelten Käse zum Schluss unterkneten.
③ Den Teig 30 Min. abgedeckt bei Raumtemperatur gehen lassen.
④ Aus dem Teig fünf Baguettestangen formen und mit fein geraspeltem Käse bestreuen.
⑤ Ein Backblech einfetten oder mit Backpapier auslegen.
⑥ Die Baguette auf das Blech legen, mit einem Tuch abdecken und bei Raumtemperatur 15 bis 20 Min. gehen lassen.
⑦ Danach die Baguette in den vorgeheizten Ofen schieben (180 °C).

Backzeit: 15 bis 20 Min.
Hitze: 180 bis 200 °C (Ober- und Unterhitze)

Hinweis: Backzeit bei Umlufthitze: 15 bis 20 Min.
Hitze: 170 °C (den Ofen nicht vorheizen)

Sonntagshörnchen

Zubereitung:

a) Hefeteig:

① Die Milch lauwarm erwärmen und gemeinsam mit allen Zutaten in einer Rührschüssel vermischen.

② Diese Mischung zu einem geschmeidigen Hefeteig verkneten (z. B. mit einer Küchenmaschine).

③ Den Hefeteig 10 Min. bei 50 °C und danach 20 Min. im abgeschalteten Ofen gehen lassen.

④ Anschließend den Teig nochmals mit den Händen gründlich durchkneten.

b) Hörnchen formen:

① Den fertigen Teig ausrollen und in vier Quadrate schneiden.

② Die Quadrate diagonal durchschneiden, sodass acht gleich große Dreiecke entstehen.

③ Die Dreiecke von der Breitseite her zur Spitze hin aufrollen und an den Enden nach innen biegen.

④ Die Hörnchen auf ein mit Backpapier ausgelegtes Backblech legen.

⑤ 10 Min. bei 50 °C und anschließend 20 Min. im abgeschalteten Ofen gehen lassen.

c) Kruste:

① Das Eigelb mit 2 EL Milch verquirlen und damit bestreichen.

② Das Backblech in den vorgeheizten Ofen schieben.

Backzeit: 30 bis 35 Min.
Hitze: 200 °C (Ober- und Unterhitze)

Zutaten:

a) Hefeteig:

200 ml Milch
500 g Weizenmehl (Type 550)
20 g Butter
10 g Hefe
3 EL Zucker
1 TL Citroback
10 g Salz
5 Tr. Backaroma Butter-Vanille

b) Kruste:

1 frisches Eigelb
2 EL Milch

Teigmenge: ca. 810 g

Hilfsmittel:
- große Rührschüssel
- Küchenmaschine oder Rührgerät mit Knethaken
- Backblech
- Backpapier

Stangenbrot

Stangenbrot

Zubereitung:

① Das Mehl in eine Rührschüssel geben.
② Eine kleine Mehlmulde bilden und 100 ml Wasser mit der zerbröckelten Hefe in die Mulde geben.
③ Vorteig ca. 15 Min. gehen lassen.
④ Alle restlichen Zutaten, bis auf den Sesam, dazugeben und zu einem Brotteig verkneten.
⑤ Aus diesem Brotteig Baguettes formen.
⑥ Die Baguettes auf ein gefettetes Backblech legen, mit Wasser abstreichen und mit Sesam bestreuen.
⑦ Danach die Baguettes in den vorgeheizten Ofen (200 °C) schieben und backen.

Backzeit: 15 Min.
Hitze: 250 °C

Zutaten:

a) Teig:
500 g Weizenmehl (Type 550)
300 ml Wasser
1 W. Hefe
50 ml Öl
15 g Salz
etwas Fett für das Blech

b) Kruste:
etwa Wasser
etwas Sesam

Teigmenge: ca. 910 g

Gesundheitsbrote

Die Besonderen:

Spezialbrote zeichnen sich durch abweichende Backverfahren oder spezielles Mehl aus. Mahlerzeugnisse wie Gerste, Mais oder Hafer, aber auch pflanzliche Zutaten wie Zwiebel, Nüsse oder Gewürze machen aus ihnen etwas Besonderes. Bei manchen Broten ist es die Teigführung, bei anderen das außergewöhnliche Backverfahren, Diätbrote wiederum sind durch Veränderungen des Nährwerts wichtig für die Gesundheit.

Glutenfreier Zwieback

47

Glutenfreier Zwieback

Zubereitung:

① Die Eier, das Eigelb und den Zucker in einer Schale vermischen und im Warmwasserbad mit einem Mixer aufschlagen.
② Diese Ei-Zucker-Mischung abkühlen lassen und mit dem Mixer kalt schlagen.
③ Alle übrigen Zutaten zugeben und gut verrühren.
④ Eine Kastenform mit Backpapier auslegen und den Zwiebackteig in die Form füllen.
⑤ Den Backofen auf 180 °C vorheizen und die Form in den Ofen schieben.

Backzeit: 40 bis 50 Min.
Hitze: 180 °C

⑥ Den fertigen Zwieback mindestens einen Tag stehen lassen.
⑦ Anschließend den Zwieback in Scheiben schneiden und im Backofen trocknen lassen (Trockenzeit: ca. 20 Min., Hitze: 120 °C).
⑧ Ist der Zwieback ausgekühlt und trocken, kann er in luftdichten Gefäßen gelagert werden.

Zutaten:

4 frische Eier
6 frische Eigelb
100 g Zucker
60 g Maismehl
60 g Maisstärke
1 Pr. Vanille
1 Pr. Anis
1 Pr. Salz
etwas Zitronensaft

Teigmenge: ca. 555 g

Hilfsmittel:
- Kastenform
- Backpapier

Tipp: Aus dem Zwieback kann Paniermehl hergestellt werden. Hierzu mit dem Nudelholz einige Zwiebackscheiben kleinrollern.

„Dieses Brot eignet sich besonders gut für Patienten mit einer Vitamin-B_2-Mangelerkrankung"

Glutenfreies Kartoffelbrot

Glutenfreies Kartoffelbrot

Zubereitung:

① Das Spezialmehl mischen (ergibt ca. 500 g).
② Die Kartoffeln waschen und mit Schale in Salzwasser gar kochen.
③ Nach dem Abkühlen die Kartoffeln durch eine Presse drücken.
④ Das Spezialmehl, die Nüsse und die Hefe vermischen.
⑤ Dazu das Ei, den Rübensirup und warme Buttermilch geben und alles gut verkneten.
⑥ Dann die Kartoffeln und die übrigen Zutaten, bis auf den Sesam, unterkneten.
⑦ Diesen Teig 40 Min. gehen lassen.
⑧ Eine Kastenform mit Backpapier auslegen.
⑨ Den Teig erneut durchkneten, in die Form geben und mit einem feuchten Teigschaber glätten.
⑩ Den Sesam über das Brot streuen und den Teig nochmals 15 Min. gehen lassen.
⑪ Das Brot längsseits einkerben und in den vorgeheizten Backofen (225 °C) schieben.

Backzeit: 60 Min
Hitze: 200 °C

⑫ Das Brot aus der Form nehmen, Backpapier abziehen und 15 bis 20 Min. ohne Form im noch warmen Ofen nachbacken.

Hinweis: Guarkernmehl ist ein neutrales Verdickungsmittel aus der Büschelbohne Guar und im gut sortierten Reformhaus erhältlich.

Zutaten:

a) Spezial-Mehlmischung:
200 g Maismehl
100 g Buchweizenmehl
50 g Reismehl
30 g Kartoffelstärke
30 g Maisstärke
1 EL Vollsoja
1 EL Buchweizenflocken
1 EL Hirseflocken
3 gestr. TL Guarkernmehl

b) Brotteig:
400 g Kartoffeln
100 g gem. Nüsse
1 P. Trockenhefe
1 frisches Ei
1 EL Rübensirup
300 ml warme Buttermilch
50 ml Sojaöl
1 EL Leinsamen
1 EL Sonnenblumenkerne
15 g Salz
1 gestr. TL gem. Kümmel

c) Kruste:
1 EL Sesam

Teigmenge: ca. 1 480 g

Leinsamenbrot

Zutaten:
150 g Leinsamen
600 ml handw. Wasser
60 g Hefe od. 2 P. Trockenhefe
1000 g Weizenmehl
(Type 405)
300 g Schmand
25 g Salz
etwas Fett für die Form
bzw. für das Blech

Teigmenge: ca. 2 155 g

Zubereitung:

a) Vorarbeiten:

① Den Leinsamen in 200 ml Wasser 30 Min. einweichen.

b) Brotteig:

① Die Hefe und das Mehl mit 400 ml Wasser in einer Rührschüssel vermengen.
② Diese Zutaten zu einem Hefeteig verkneten und 15 Min. gehen lassen.
③ Den Schmand, das Salz und den gequollenen Leinsamen unter den Teig kneten und 60 Min. gehen lassen.
④ Dann den Teig erneut durchkneten, in eine gefettete Kastenform geben oder zu einem Brotlaib formen.
⑤ Den Teig in der Form (oder auf dem Blech) nochmals 15 Min. gehen lassen.
⑥ Das Brot in den Ofen schieben und backen.

Backzeit: 35 bis 45 Min.
Hitze: 200 °C

Vitalbrot

Zutaten:

200 g fein gem. Weizen
100 g Hafer
100 g Roggen
100 g Sojamehl
60 g Weizenkleie
60 g Weizenkeime
1 TL Korianderkörner
1 TL mittelfein gem. Fenchelsamen
25 g Salz
1 P. Trockenbackhefe
1 P. Sauerteigextrakt
400 ml handw. Wasser
50 g Leinsamen
25 g Sesam
50 g Sonnenblumenkerne
etwas Fett für die Form

Teigmenge: ca. 1 120 g

Zubereitung:

① Das Getreide und die Gewürze sorgfältig vermischen.
② Wasser zugeben und alle Zutaten mit dem Rührgerät (Knethaken) etwa 5 Min. zu einem glatten Teig verarbeiten.
③ Kurz vor Beendigung der Knetzeit den Leinsamen, den Sesam und die Sonnenblumenkerne in den Teig mengen und gut durchkneten.
④ Den Teig an einem warmen Ort gehen lassen, bis er sich verdoppelt hat.
⑤ Anschließend den Teig auf einer Arbeitsfläche nochmals gut durchkneten und zu einer Rolle formen.
⑥ Den Teig in eine gefettete Kastenform (Größe: 30 x 11 cm) legen.
⑦ Den Teig in der Form abgedeckt an einem warmen Ort nochmals 30 Min. gehen lassen.
⑧ Die Teigoberfläche drei- bis viermal schräg einschneiden und mit Wasser bestreichen.
⑨ Das Brot im vorgeheizten E-Herd bei Ober- und Unterhitze backen. Zum Backen eine Schale mit heißem Wasser auf den Boden des Ofens stellen.

Backzeit: 55 bis 60 Min.
Hitze: 200 °C (bei Heißluft 170 °C)

Tipp: Den Sesam vorher in einer Pfanne anrösten.

Festtagsbrote

Die Festlichen:

Ob Allerseelen, Ostern, zu Nikolaus oder während der Fastenzeit – Festtagsbrote begleiten schon seit jeher den christlichen Kalender. Früher wurden sie symbolisch geweiht, geopfert oder großzügig an Fremde verschenkt. Heutzutage schneidet man sich nur allzugern eine Scheibe ab, so köstlich sind die Brote, die einem bestimmten Anlass vorbehalten sind.

Adventsbrot

Adventsbrot

Zubereitung:

a) Ansatz:

① Die Zutaten für den Ansatz mischen.
② Den Ansatz im Rum zwei Tage ziehen lassen.

b) Brotteig:

① Alle Zutaten für den Brotteig vermischen und verkneten.
② Den Ansatz unter den fertig gekneteten Teig geben.
③ Dann den Teig teilen, zu zwei länglichen Brotlaiben formen, mit Wasser einstreichen und auf ein gefettetes Backblech legen.
④ Den Teig 30 bis 40 Min. gären lassen.
⑤ Anschließend die Oberflächen der Brote mit Mehl absieben; schön sieht es aus, wenn Sie dazu Sternenschablonen benutzen.
⑥ Die Brote in den vorgeheizten Backofen (240 °C) schieben.
⑦ Zunächst 5 Min. bei 240 °C backen.
⑧ Danach den Ofen auf 180 °C zurückstellen, die Ofentür kurz öffnen und das Brot weitere 45 Min. fertig backen.

Hinweis: Die Ofentür wird nach der ersten Backstufe geöffnet, damit Backdampf entweichen kann.

Zutaten:

a) Ansatz:

150 g Rum (38 %)
100 g weiche Backpflaumen
100 g weiche Dörraprikosen
50 g Orangeat
50 g Zitronat
50 g Mandelstifte
50 g Rosinen

b) Brotteig:

400 g Weizenmehl (Type 550)
150 g Roggenmehl (Type 997)
15 g Sauerteig
10 g Salz
15 g Hefe
350 ml Wasser
etwas Fett für das Blech
etwas Mehlpuder zum Bestäuben

Teigmenge: ca. 1 490 g

Hilfsmittel:
- Sternenschablone
- Backblech

„Ein Brot als Geschenk zur Hochzeit oder zum Einzug ins neue Heim."

Hochzeitsbrot

Zubereitung:

a) Sauerteigansatz:

① Die Zutaten für den Ansatz vermischen.

② Den Ansatz abgedeckt 15 bis 24 Std. bei Raumtemperatur gehen lassen.

b) Modellierteig:

① Die Zutaten für den Modellierteig mischen und gut durchkneten, bis ein elastischer Teig entsteht.

② Nach Belieben kann der Teig mit dunklem Rübensirup gefärbt werden.

c) Brotteig:

① Den Sauerteigansatz mit den Zutaten für den Brotteig verkneten.

② Danach den Teig 10 Min. gehen lassen.

③ Anschließend den Teig zu einem Ballen formen und mit Mehl leicht bestäuben.
④ Den Teig in eine runde Brotform mit dem Schluss nach oben setzen und 20 bis 30 Min. in der Form gehen lassen.

d) Backen:
① Den Ofen auf 240 °C vorheizen. Eine Tasse Wasser dazustellen.
② Den Brotlaib aus der Form vorsichtig auf ein Backblech kippen.
③ Rings um den Brotlaib mit dem Zeigefinger vorsichtig fünf bis sechs Kerben einbringen.
④ Mit einem Backpinsel den Brotlaib mit Wasser einstreichen.
⑤ Das Brot in den vorgeheizten Backofen schieben.
⑥ Erst 5 Min. bei 240 °C backen.
⑦ Danach den Ofen auf 180 °C zurückstellen und die Ofentür kurz öffnen, damit Dampf entweichen kann.
⑧ Anschließend das Brot bei 180 °C 40 bis 45 Minuten weiterbacken.
⑨ Nach 30 Min. Backzeit den Laib noch einmal kurz mit Wasser bestreichen.

Tipp: Wer keine Brotform aus Peddigrohr besitzt: Es genügt auch eine 2-Liter-Salatschüssel. Die Schüssel sollte zuvor mit Alufolie ausgelegt und der Teigballen mit Mehl bestäubt werden.

Weiterverarbeitung (Dekorteile):

a) Rose modellieren:
① Den Modellierteig auf 0,3 cm Dicke ausrollen.
② Fünf glatte, runde Teigkreise von 6 cm Ø ausstechen und mit etwas Wasser benetzen.
③ Die Teigkreise mit jeweils einem Drittel Überlappung hintereinander legen und aufrollen.
④ Den entstandenen Teigstrang mittig auf den flachen Handrücken legen.
⑤ Aus diesem Teigstrang zwei Rosenkelche mit den Fingern formen.
⑥ Die Rosenkelche mit einem scharfen Messer mittig in einzelne Blütenblätter trennen.

Tipp: Wird der Modellierteig zu krümelig, vorsichtig Wasser zugeben. Lässt sich der Teig nicht richtig formen, den Margarineanteil erhöhen. Besonders gut eignet sich Zieh- oder Blätterteigmargarine vom Bäcker.

Zutaten:

a) Sauerteigansatz:
150 g Roggenmehl (Type 997)
15 g fertiger Sauerteig
115 ml Wasser

b) Modellierteig:
300 g Roggenmehl
75 g Salz
75 g Margarine
150 ml Wasser
ggf. dunkler Rübensirup

c) Brotteig:
260 g Roggenmehl (Type 997)
100 g Weizenmehl (Type 550)
10 g Salz
15 g Hefe
10 g Anis
5 g gem. Kümmel
240 ml Wasser

Teigmenge: ca. 1 520 g

b) Rosenblätter modellieren:

① Mit einem Herzausstecher drei Herzen aus dem ausgerollten Teig stechen.

② Die Herzen in der Mitte halbieren und mit einem Messerrücken die Blattadern markieren.

③ Die mit etwas Wasser benetzte Rose wird am Rand des ausgestanzten Salzloches befestigt.

④ Um die Rose werden drei Rosenblätter drapiert.

c) Lorbeerkranz modellieren:

① Einen dünnen Strang von 30 cm Länge aus dem Modellierteig formen und mit etwas Wasser benetzen.

② Diesen Strang rings um den Brotlaib als Kranz befestigen.

③ Mit einer Schere den Kranz links und rechts einschneiden, sodass ein Lorbeermuster entsteht.

d) Hochzeitsbrot mit Dekorteilen backen:

① Die übrigen Dekorteile (Rose und Rosenblätter) auf das Brot auflegen und mit Wasser besprühen.

② Das Brot vorsichtig in den vorgeheizten Ofen schieben und erneut backen.

Backzeit: ca. 10 bis 15 Min.
Hitze: 220 °C

e) Schlussgarnierung:

① Das fertige Brot gut auskühlen lassen.

② Mit einem spitzen, scharfen Messer ein Loch von 5 cm Ø und 3 cm Tiefe mittig aus der Brotkruste des Laibes herausschneiden.

③ In die entstandene Öffnung loses Salz (etwa 3 TL) füllen.

④ Auf das Salz ein blankgeputztes Ein-Cent-Stück legen.

Hilfsmittel:
- Brotform (Peddigrohr) oder Salatschüssel
- spitzes Messer
- Herzausstecher

Kerniges Hasenbrot

Zubereitung:

a) Hefeteig:

① Die Mehle in einer Schüssel mischen und eine Mehlmulde bilden.
② In die Mehlmulde die Hefe bröckeln und mit 1 EL Honig, 8 EL handw. Milch und etwas Mehl verrühren.
③ Diesen Vorteig zugedeckt 15 Min. ruhen lassen.
④ Den restlichen Honig, das Fett und das Salz in der übrigen Milch erwärmen.
⑤ Dann die Eier unterschlagen und die Zitronenschale hinzugeben.
⑥ Anschließend alle Zutaten zu einem Hefeteig kneten.
⑦ Den Hefeteig 20 Min. gehen lassen.
⑧ Danach den Hefeteig nochmals gut durchkneten.

b) Hasen formen:

① Den Hefeteig teilen.
② Aus der einen Teighälfte einen flach liegenden Hasen formen und auf ein gefettetes Backblech legen.
③ Aus der anderen Teighälfte Hosenträger, Kopf, Ohren, Nase, Barthaare, Arme und Füße des Hasen formen.
④ Größere Körperteile an den Teig andrücken. Kleinere Körperteile auf den Teig legen.

c) Kruste:

① Das Ei trennen und den fertigen Hasen mit Eiweiß bestreichen.
② Mit aufgestreuten Körnern den Hasen nach Belieben „anziehen".
③ Das Eigelb und 1 EL Milch verquirlen und damit die freien Körperstellen einstreichen.
④ Den Hasen in den vorgeheizten Backofen schieben (200 °C).

Backzeit: 30 Min.
Hitze: 200 °C (Ober- und Unterhitze, bei Umluft 180 °C)

Hilfsmittel:
- große Rührschüssel
- Backblech
- Backpinsel

Zutaten:

a) Hefeteig:

450 g Weizenmehl (Type 1050)
450 g Hafervollkornmehl
2 W. Hefe
100 g Honig
375 ml Milch
120 g Butter od. Margarine
15 g Salz
3 frische Eier
abgeriebene Schale von 1 unbehandelten Zitrone
etwas Fett für das Blech

b) Kruste:

1 frisches Ei
2 EL Mohn
2 EL Sonnenblumenkerne
2 EL Sesam
einige Kürbiskerne
1 EL Milch

Teigmenge: ca. 1 740 g

Fruchtiges Osterbrot

Fruchtiges Osterbrot

Zubereitung:

a) Brotteig:

① Alle Zutaten mischen und verkneten.
② Die Fruchtmischung unter den Teig kneten.
③ Den Teig zu einem runden Ballen formen und 15 Min. abgedeckt gehen lassen.
④ Danach den Teig zu einer schönen Teigkugel formen.
⑤ Anschließend den Teig auf ein Backblech setzen und erneut gehen lassen.
⑥ Kurz bevor der Teig vollständig aufgegangen ist, mit einer Schere kreuzweise die Brotoberfläche einschneiden.
⑦ Die Oberfläche mit Eigelb bestreichen und in die Mitte einige Mandelstifte aufstreuen.

b) Backen:

① Das Brot in den vorgeheizten Ofen (190 °C) schieben und goldgelb backen.

Backzeit: 25 bis 30 Min.
Hitze: 180 °C

② Nach 10 Min. Backzeit die Ofentür spaltweise öffnen, damit Dampf entweichen kann.
③ Das fertige Osterbrot mit gekochter Aprikosenmarmelade bestreichen (z.B. mit einem Pinsel).
④ Anschließend mit dem Kristallzucker den Rand des Brotes bestäuben.

Zutaten:

a) Brotteig:
400 g Weizenmehl (Type 550)
80 g Zucker
80 g Butter
1 frisches Ei
40 g Hefe
15 g geriebene Zitronenschale
10 g Backmalz
5 g Salz
160 ml Milch

b) Fruchtmischung:
80 g eingeweichte Rosinen
60 g Mandelstifte
30 g Orangeat
30 g Zitronat

c) Kruste:
1 frisches Eigelb
einige Mandelstifte
etwas Aprikosenmarmelade
1 TL Kristallzucker

Teigmenge: ca. 1 040 g

Tipp: Backmalz oder »Brötchenbackmittel« können Sie beim Bäcker bekommen.

Hilfsmittel:
- große Rührschüssel
- Schere
- Backblech

Aus vollem Schrot und Korn

10 x Brotattraktionen in Deutschland

Hier die wichtigsten Adressen, wo Sie mehr zum Thema Brotbacken auf dem Lande erfahren können: Von Brotmuseen über Mühlen bis hin zu Dorfbackstuben und Ausstellungen zur Geschichte des Brotes.

1 **Niedersächsische Mühlenstraße**
Entdeckungsreise zu 90 Mühlenbetrieben in der Lüneburger Heide
Infos: Tel. 0 41 31/12 16 69

2 **Museumsdorf Cloppenburg**
Niedersächsisches Freilichtmuseum, historische Dorfanlage, Gärten, Handwerk, Backhaus und Mühle
Infos: Tel. 0 44 71/9 48 40
www.museumsdorf.de

3 **Museumsdorf Hösseringen Landwirtschaftsmuseum Lüneburger Heide e.V.**
Dorfanlage, Wechselausstellungen, Backhaus
Infos: Tel. 0 58 26/17 74
www.museumsdorf-hoesseringen.de

4 **Internationales Mühlenmuseum Gifhorn**
12 Originalmühlen und 46 Windmühlenmodelle aus aller Welt, Brothaus, Müllerhaus
Infos: Tel. 0 53 71/5 54 66
www.muehlenmuseum.de

5 **Westfälisches Freilichtmuseum Detmold / Landesmuseum für Volkskunde**
historische Dorfanlage, Schaumahlen und -backen
Infos: Tel. 0 52 31/70 61 05
www.lwl.org/freilichtmuseum_detmold

6 **Kreismuseum Wittenberg**
Schloss Lichtenburg, Brot und Backen im historischen Küchengewölbe
Infos: Tel. 03 53 86/2 23 82
www.dhm.de/museen/sachsen-anhalt/mp0002.htm

7 **Europäisches Brotmuseum Ebergötzen**
Die Welt des Brotes in einer Ausstellung, Freigelände mit Backofen, Getreidegarten und Mühle
Infos: Tel. 0 55 07/99 94 98

8 **Freilichtmuseum Hessenpark GmbH**
Alltagskultur auf dem Lande, Veranstaltungen, regionaltypische Haus- und Hofformen, Dorfbackhaus
Neu-Anspach/Taunus
Infos: Tel. 0 60 81/58 80
www.hessenpark.de

9 **Deutsches Brotmuseum in Ulm/Donau**
Technik- und Kulturgeschichte des Getreidemahlens und Brotbackens, Kunstobjekte aus Brotteig
Infos: Tel. 07 31/6 99 55
www.brotmuseum-ulm.de

10 **Freilichtmuseum des Bezirkes Oberbayern**
Ausstellung „Vom Korn zum Brot“, Getreideanbau und Verarbeitung
Infos: Tel. 0 88 51/18 50
www.glentleiten.de

Hamburg
1
2
3
Hannover
4
Berlin
5
6
7
Frankfurt
Dresden
8
Stuttgart
9
München
10

Einsender/innen der Brotrezepte zum 1. Niedersächsischen Brotbackwettbewerb

Nr.	Brotrezepte	Vor- und Zuname	Ort
1	Tomatenbrot		
2	Kartoffelbrot mit Mohn	Wilfried Ahrens	Weidenbach
3	Hinnebecker Vollkornbrot	Christa Arfmann	Schwanewede
4	Westhoyeler Mühlen-Vollkornbrot	Beate Barmeier	Melle
5	Kräftiges Bauernbrot	Renate Bartels	Brome
6	Kerniges Hasenbrot	Ilse Bethmann	Lehrte
7	Kürbisgewürzbrot	Ingeborg Biermann	Wietzen
8	„Das Saftige" (reines Roggenbrot)		
9	Weizenschrotbrot		
10	Weizenschrotbrötchen		
11	Korbbrot	Christiane Bremer	Wedemark
12	Vollkornbrot mit Buttermilch		
13	Gewickelter Zimtsemmel	Elke Detmering	Stöckse
14	Roggenmischbrot mit Körnern	Elke Dierssen	Jameln
15	Brüggener Kasten		
16	Käsebaguette		
17	Walnussbrot	Gisela Dörge	Brüggen
18	Dinkel-Buttermilchbrot		
19	Süßer Kürbissemmel	Gerda Dunekack	Hilgermissen
20	Bauernweißbrot mit Joghurt	Imke Harder	Hitzacker
21	Kähmer Mühlenbrot		
22	Dinkelbrot	Margret Harder	Hitzacker
23	Dinkel-Vollkornbrot	Brigitte Holste	Schwülper
24	Weizenmischbrot	Helga Jürgens	Elze
25	Schnelles Olivenbrot		
26	Holzfällerbrot		
27	Saatkornbrot	Nele Kitsche-Hohlstein	Sarstedt
28	Vollkornbrot aus Roggen, Weizen und Dinkel		
29	Weißbrotzopf mit Ballaststoffanteil	Irmtraud Klingbeil	Wahrenholz
30	Grüntee-Buttermilchbrot	Armin Klingebiel	Sibbesse
31	Roggenmischbrot	Ingeborg Klingenberg	Garbsen
32	Frisches Kräuter-Kartoffelbrot		
33	Sonntagshörnchen	Sabine Knoop	Petershagen
34	Frühstücksbrot	Anke Kohlmeyer	Raddestorf
35	Schwarzbrot		
36	Buttermilchbrot		
37	Stangenbrot	Astrid Köster	Lilienthal
38	Hochzeitsbrot		
39	Fruchtiges Osterbrot		
40	Adventsbrot	Harald Luther	Langenhagen

Einsender/innen der Brotrezepte zum 1. Niedersächsischen Brotbackwettbewerb

Nr.	Brotrezepte	Vor- und Zuname	Ort
41	Vollkorn-Sauerteigbrot	Susanne Michels	Hillerse
42 43	Großes Roggen-Vollkornbrot Kehdinger Apfelbrot	Antje Oltmann	Drochtersen
44 45	Roggenschrotbrot mit Buttermilch Baguettes	Sabine Poppe	Gleichen
46 47	Glutenfreies Kartoffelbrot Glutenfreier Zwieback	Rita Ritter	Coppenbrügge
48 49	Bauernbrot Roggen-Vollkornbrot	Karin Röling	Sprakensehl
50	Leckeres Schwarzbrot	Irmgard Sander	Twistringen
51	Schweres Bauernbrot	Albert Schäfer	Wendeburg
52	Kräuter-Knoblauch-Brot	Karin Schröder	Hemmoor
53 54	Landbrot „Schwarzwälder Art" Roggen-Bauernbrot mit Sonnenblumen-kernen und Leinsamen	Heike Schröter	Haverlah
55 56	Partybrötchentorte mit Käse und Schinken Leinsamenbrot	Antje Schütte	Beckeln
57	Roggenbrot	Werner Schütte	Cremlingen
58 59 60	Landbrot Vitalbrot Roggenbrot mit Kürbiskernen	Helga Sehlen	Moringen-Lutterbeck
61 62	Schinkenbrot Brasilianisches Maisgriebenbrot	Heike Simon	Isernhagen
63	Vollkorn-Schnellbrot	Margret Steinmetz	Hann. Münden
64	Schaumburger Vollkornbrot	Ulrike Thiermann	Stadthagen
65 66 67	Nussbrot Kartoffelbrot Fladenbrot	Wilma Thormann-Uhde	Landwehr
68	Sonnenblumenkern-Buttermilchbrot	Dorle Lührs	Morsum
69 70	Mühlebrot Annis Brot	Johann Weber	Rethem/Aller
71	Pizzabrot mit Schinken	Petra Wetzel	Rheden
72	Kürbisbrot	Käthe Willen	Bremervörde-Elm
73 74	Bullerbeeks Roggenvollkornbrot Bullerbeeks Mehrkornbrot	Gunhild Wöbse	Verden
75	Roggen-Schwarzbrot	Backofen AG Wulmstorf	Morsum-Wulmstorf

Bildnachweis:

Agrar-Markt, Hannover	S. 13
agrar-press, Bergisch-Gladbach	S. 14
Barmeier, Beate, Melle	S. 8
BASF, Ludwigshafen	S. 23
Dabow, Holger, Hannover	S. 5
Fotostudio Fricke, Hannover	Titel, S. 20, 26, 28, 34, 36, 38, 40, 48, 50, 54, 58, 60, 62, 64, 68, 70, 72, 76, 80, 82, 84, 86, 88, 90, 92, 94, 98, 100, 104, 106, 110, 112, 114, 116, 120, 122, 126, 130, 132, 134, 136, 140, 144, 148
Hapo	S. 12
Hensch, Peter, Rheinbach-Flerzheim	S. 16
Kreißler Werbung & So. Eschwege www.kreissler.de:	S. 17, 19, 46
MEV	S. 75, 142
Müller, Sibille, Raubach	S. 52, 108
Sammlung Deutsches Brotmuseum Ulm	S. 9, 10, 24
Schapfenmühle Ulm	S. 15
VK Mühlen AG, Hamburg	S. 22, 66

Notizen

Notizen

Knusprig raffiniert ...

Hanna Renz/Simon Buck

Laugengebackenes

Brezeln, Brötchen und mehr

160 Seiten, 210 Farbfotos
Hardcover, 17 x 24,5 cm
12,80 EUR, 22,50 sFr
ISBN 3 7842 06417

Hanna Renz und Simon Buck stammen beide aus Baden-Württemberg, dem Bundesland mit „Brezel-Tradition“. Simon Buck ist „Bestmeister-Bäcker 2004“, die Kochbuchautorin Hanna Renz hat sich in der traditionellen Backkunst schulen lassen. Die beiden stellen unter Beweis, dass sich mit Laugengebackenem weitaus mehr machen lässt als nur die allseits bekannte Brezel. In diesem Buch beschreiben sie anhand deutlicher Beispiele und aller Arbeitsschritte den Umgang mit Natronlauge im Detail. Außerdem werden die unterschiedlichsten Wickeltechniken des Teiges erläutert. Die Rezepte reichen von den klassischen Laugenbrezeln, über Süßes aus Hefe-, Mürbe- oder Blätterteig, bis hin zu raffinierten Kreationen wie z. B. gefüllte Laugen-Croissants.

Landbuch Verlag Bestellservice · Postfach 47 38 · 38037 Braunschweig
Tel. (0 18 05) 708 709 · Fax (05 31) 708 609 · buch@landbuch.de

Kochen zu aller
Omas Leckereien
Omas Rezepte
Backofenträume – Gutes vom Blech
Brotrezepte
aus ländlichen Backstuben
Laugengebackenes
Brezeln, Brötchen und mehr
Landbuch Verlag Hannover
Landküche
Kräuterschätze
zum Kochen und Kurieren
Speisekammer
Wald und Heide
Leckeres aus der
Kartoffelkiste
Landbuch Verlag Bestellservice · Postfach 47 38 · 38037 Braunsch

ahreszeiten!

Omas Leckereien
Nr. 770634N, **10,00 EUR**

Omas Rezepte
Nr. 770630N, **10,00 EUR**

Backofenträume – Gutes vom Blech
Nr. 770645N, **12,80 EUR**

Brotrezepte aus ländlichen Backstuben
Nr. 770614N, **12,80 EUR**

Laugengebackenes Brezeln, Brötchen und mehr
Nr. 770641N, **12,80 EUR**

Kräuterschätze zum Kochen und Kurieren
Nr. 770608N, **12,80 EUR**

Aromaschätze wilde Früchte und Gewürze
770642N, **14,80 EUR**

Suppen und Eintöpfe vom Lande
Nr. 770631N, **12,80 EUR**

Speisekammer Wald & Heide
Nr. 770603N, **12,80 EUR**

Schlemmereien vom Schwein
770643N, **12,80 EUR**

Leckeres aus der Kartoffelkiste
Nr. 770621N, **14,80 EUR**

Gemüse querbeet
Nr. 770633N, **12,80 EUR**

Tortengeheimnisse aus Land- und Hofcafés
Nr. 770592N, **12,80 EUR**

Frisches aus der Salatschüssel
Nr. 770615N, **12,80 EUR**

Kochen mit Honig
Nr. 770654N, **14,80 EUR**

Landküche – Gut durchs Jahr
Nr. 770638N, **12,80 EUR**

Ländliche Verführungen Plätzchen, Kleingebäck u. Snacks
Nr. 770639N, **12,80 EUR**

Alle Preise verstehen sich zzgl. Versandkosten.

· Tel. (0 18 05) 708 709 · Fax (05 31) 708 609 · buch@landbuch.de

Wenn „Landeier“ heftig Flirten

Wo steht geschrieben, dass Ratgeber immer staubtrocken sein müssen? „Landflirt“ ist ein – etwas anderer – Ratgeber für Landwirtssöhne und -töchter sowie all jene, die einer Landliebe nicht abgeneigt sind. Kommen Sie mit auf eine Landpartie zu den Fettnäpfchen, den Klippen und Fallstricken des Flirtens, den Hochs und Tiefs der Emotionen. Die Cartoons und Comicstrips bringen die Verstrickungen und Missverständnisse beim Anbandeln amüsant auf den Punkt. Da bleibt kein Auge trocken!

64 Seiten, Hardcover, 16,3 x 18,5 cm
10,– EUR, 17,80 sFr, ISBN 3 7842 0636 0

+++ Buchtipps +++ Buchtipps +++ Buchtipps +++ Buchtipps +++ Buchtipps +++

Bauernschlaue Sprüche
10,– EUR, 17,80 sFr
ISBN 3 7842 0632 8

Sau-gute Ferkeleien
10,– EUR, 17,80 sFr
ISBN 3 7842 0637 9

Kuh-les Landleben
10,– EUR, 17,80 sFr
ISBN 3 7842 0623 9

Landbuch Verlag • Bestellservice • 38104 Braunschweig • Tel. (0 1805) 708-709 • Fax (05 31) 7 08-6 09 • E-Mail: buch@landbuch.